U0955873

证券投资仿真

实验教程

张建友／主　编

罗子瑶／副主编

吕林丽　甘　源
史薇茹　胡若曦　杨诗韵　／参　编

西南财经大学出版社

中国·成都

图书在版编目(CIP)数据

证券投资仿真实验教程 / 张建友主编;罗子瑶副主编.—成都:西南财经大学出版社,2022.9
ISBN 978-7-5504-5524-5

Ⅰ.①证… Ⅱ.①张…②罗… Ⅲ.①证券投资—教材 Ⅳ.①F830.91

中国版本图书馆 CIP 数据核字(2022)第 160274 号

证券投资仿真实验教程
ZHENGQUAN TOUZI FANGZHEN SHIYAN JIAOCHENG
张建友 主编
罗子瑶 副主编

策划编辑:高小田
责任编辑:高小田
责任校对:雷 静
封面设计:墨创文化
责任印制:朱曼丽

出版发行	西南财经大学出版社(四川省成都市光华村街 55 号)
网　　址	http://cbs.swufe.edu.cn
电子邮件	bookcj@swufe.edu.cn
邮政编码	610074
电　　话	028-87353785
照　　排	四川胜翔数码印务设计有限公司
印　　刷	郫县犀浦印刷厂
成品尺寸	185mm×260mm
印　　张	13.5
字　　数	242 千字
版　　次	2022 年 9 月第 1 版
印　　次	2022 年 9 月第 1 次印刷
书　　号	ISBN 978-7-5504-5524-5
定　　价	49.80 元

前言

QIANYAN

1990年12月，上海证券交易所、深圳证券交易所成立，标志着我国改革开放后以股票集中交易为主要特征的证券交易市场诞生。我国证券市场实现跨越式发展，成为社会主义市场经济体系的重要组成部分，在促进资本形成、优化资源配置、建立现代企业制度、建设创新型国家等方面发挥了不可替代的作用，为推动经济发展和社会进步做出了重要贡献。党的十八大以来，以习近平同志为核心的党中央高度重视资本市场改革发展，习近平总书记对资本市场做出了一系列重要指示批示，深刻回答了新时代需要什么样的资本市场、怎样建设好资本市场的重大课题，赋予了资本市场新的定位和使命，为新时代资本市场的改革发展指明了方向，为推动资本市场更充分发挥枢纽作用，加快形成资本市场服务经济社会高质量发展的制度、机制和体系提供了指导。当前，证券投资已成为国家金融宏观调控、企业改善经营管理、筹集资金以及提高资金使用效率的重要渠道，理解和掌握证券投资方法与技能对经济类专业学生尤为重要。

《证券投资仿真实验教程》以培养经济类专业学生熟练掌握证券投资学理论与实践操作能力为主要目的，结合证券投资学理论课程与专业实践要求编写而成。本书由证券投资仿真实验基础知识、证券投资仿真实验的基本方法与证券投资仿真实验指导三篇组成，其中证券投资仿真实验基础知识由股票、债券、基金、期货和期权的基础理论组成，证券投资仿真实验的基本方法包括基本分析方法和技术分析方法，证券投资仿真实验指导包含证券交易软件操作实验、证券投资技术指标实验、股票投资综合分析实验、常规看盘实验、债券实验、证券投资基金实验和期货实验等内容。

本书在编写过程中参考了上海证券交易所、深圳证券交易所、同花顺、东方财富、文华财经、希施玛等官方网站相关信息，参考了证券从业人员资格考试有关辅导教材，以及同行专家学者所编写的教材。与此同时，本书的编写得到了西南财经大学出版社的大力支持以及单位领导与同事的热心帮助。贵州商学院罗子瑶、吕林丽、甘源、史薇茹、胡若曦及杨诗韵老师参与了本书的编写工作。借此机会向关心本书出版和为本书出版付出辛勤劳动的人士表示衷心感谢！

由于编者自身的学识、能力有限，本书难免存在不足之处，敬请读者谅解并不吝赐教。

编者

2022 年 8 月

目录

CONTENTS

第一篇 证券投资仿真实验基础知识

第一篇

证券投资实验基础知识

本篇对证券投资实验基础知识进行了介绍，主要包括股票、债券、基金、期货及期权的基础知识。

第一章　股票

股票是由股份有限公司发行，表示该公司股东按其持有的股份享受权益和承担义务的可转让的书面凭证。股票一经发行，购买股票的投资者即成为公司的股东。股票实质上是股份公司的股份证明，表示其持有者在公司的地位与权利，以及应承担的责任与风险。

一般来说，股票应记载如下一些事项：①发行股票公司的名称；②批准发行股票机关的名称，股票批准发行的年、月、日及批准字号；③发行股票的总额及每股金额；④本张股票的股权数及股票面值；⑤股票编号；⑥公司印章及法定代表人签字盖章；⑦发行日期；⑧股票章程有关条款；⑨股票持有人的姓名及证明身份的证件号码；⑩记载股票转让、过户的登记栏；⑪公司认为需说明的其他事项。

就注册地在中国内地的上市公司来说，其所发行的股票因为上市地区不同主要分为：A 股、B 股、H 股、N 股以及 S 股。

（1）A 股。A 股的正式名称是人民币普通股票。它是由我国境内的公司发行，供境内机构、组织或个人以及合格境外机构投资者以人民币认购和交易的普通股股票。

（2）B 股。B 股又称人民币特种股票，是指那些在中国内地注册、在中国内地上市的特种股票。它以人民币标明面值，只能以外币认购和交易。

（3）H 股。H 股是境内公司发行的以人民币标明面值，供境外投资者用外币认购，在香港联合交易所上市的股票。

（4）N 股。N 股是境内公司发行的以人民币标明面值，供境外投资者用外币认购，在纽约证券交易所上市的股票。但在实践当中，大多数非美国公司（不包括加拿大公司）都以存托凭证（ADR）的形式而非普通股的方式进入美国股票市场。存托凭证是一种以证书形式发行的可转让证券，通常代表一家外国公司的已发行股票。另外，还有越来越多的中国企业在纳斯达克（NASDAQ）挂牌，NASDAQ 是美国的一个电子证券交易机构，是全国证券业协会行情自动传报系统（National Association of Securities Dealers Automated Quotations System）的英文缩写，在这一市场挂牌的中国企业股票一般被称为纳指中国概念股。

（5）S 股。S 股是境内公司发行的以人民币标明面值，供境外投资者用外币认购，在新加坡交易所上市的股票。这些企业的生产、经营等核心业务和注册地均在中国内地。

中国股市从无到有，经历了 30 余年的发展，总市值已跃居全球前列。在我国改革发展的攻坚时期，习近平总书记多次对股市发展提出了要求，即要防范化解金融风险，加快形成融资功能完备、基础制度扎实、市场监管有效、投资者权益得到充分保护的股票市场。当前，面对百年未有之大变局和世纪疫情相互叠加的复杂局面，在以习近平同志为核心的党中央坚强领导下，我国经济运行总体平稳，习近平总书记强调，着力防范和化解金融风险，克服经济脱实向虚的倾向，重点解决不良资产风险、泡沫风险等。

本章主要以 A 股为例进行证券投资实验讲解，让学生在实验过程中掌握股票的基础知识和股票的交易流程，交易流程主要包括开立账户、股票买卖、竞价成交、股票结算与过户四个阶段。

第一节　股票投资实验基础

一、开立账户

投资证券市场首先要进行开户，建立投资者自己的账户。开立账户又分开立证券账户和开立资金账户两种，只有两种账户均开齐了方能进行证券的买卖。

（一）开立证券账户

证券账户又叫股东账户，投资者一旦开立，就可以在证券交易所拥有一个证券账户，并通过交易所对证券交易进行准确高效的记载、清算和交割。投资者买卖证券，都会在证券账户中如实地反映出来。证券商对要求开立账户的投资者进行资信等状况调查，由申请人填写证券账户开立申请表，填写申请人的各种情况，包括姓名、身份证件号码、单位、联系电话、联络方式及申请开立的账户种类等，入市开户交易主要流程如图 1-1 所示。

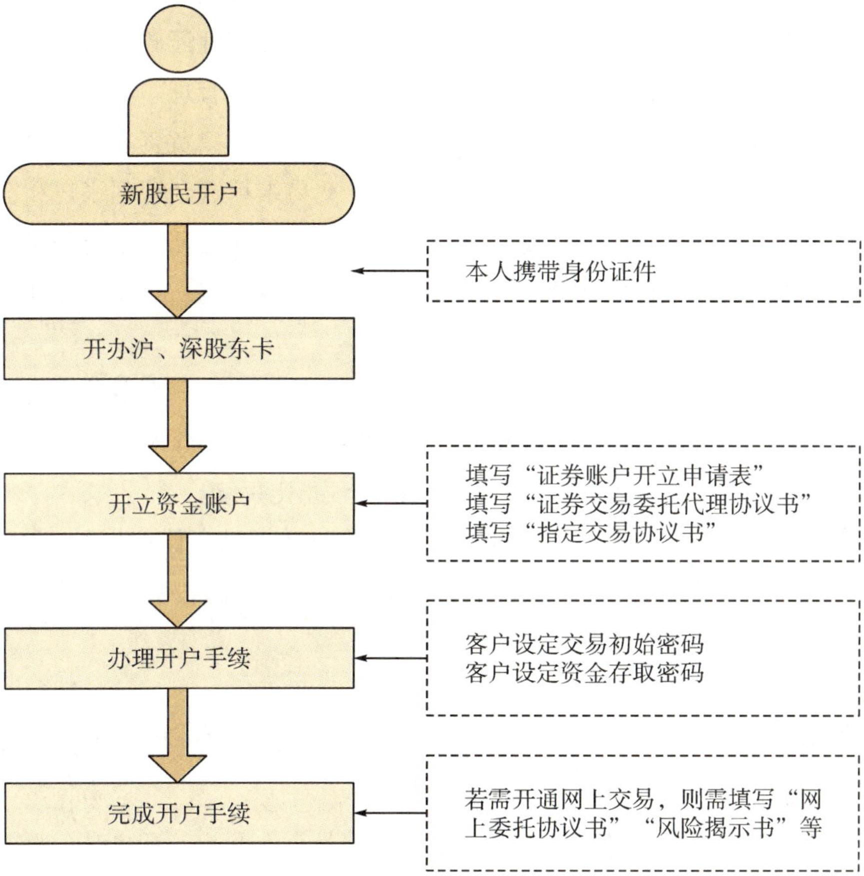

图 1-1　入市开户交易的主要流程

（二）开立资金账户

投资者开设证券账户之后，就具备了投资证券的资格，但是没有进入交易所进行交易的资格，因为唯有交易所的会员才能在此交易。因此投资者必须选择一家具有交易资格的、可以进行证券经营的证券营业部作为证券交易的经纪商，并在证券营业部设立资金账户，使其代理个人到交易所进行交易，并办理过户、交割、清算等各种手续。投资者在选择证券交易的经纪商时应综合考虑对自己有利的经纪商，如综合考虑营业部位置、经纪商实力、信用情况、费用情况等进行选择。

（三）办理资金第三方存管业务

投资者通过证券账户进行投资交易时，交易结算资金由具有存管资质的商业银行通过资金账户即第三方进行存管，这对于投资者来说是一项重要的安全保障，证券公司平台不能随意挪用客户资金。第三方存管业务遵循“券商管证券，银行管资金”的原则，将投资者的证券账户与证券保证金账户严格进行分离管理。在第三方存管模式下，证券经纪公司不再向客户提供交易结算资金存取服务，只负责客户证券交易、股份管理和清算交割等业务。存管银行负责管理客户交易结算资金管理账户和客户交易结算资金汇总账户，向客户提供交易结算资金存取服务，并为证券经纪公司完成与登记结算公司和场外交收主体之间的法人资金交收提供结算支持。其业务办理流程大致如下：

第一步，投资者本人到证券公司营业部，填写并提交“客户交易结算资金第三方存管业务三方协议”，出示证件（本人身份证原件、本人的银行存折、证券账户卡），经审核确认合格后，为投资者办理第三方存管账户预指定手续。

第二步，投资者本人到指定银行柜台，提交协议和出示证件（本人身份证原件、本人的银行存折、证券账户卡），经银行审核确认合格后，为投资者开通第三方存管业务。

（四）投资交易

投资者完成以上手续后，就可以通过交易系统（电话委托、网上委托）将资金转入自己的证券公司资金账户，并进行证券交易。

在开立账户时需要提交的基本资料如下：①若是个人开户，开户时，股东本人带上第二代有效身份证原件即可。②若是机构开户，开户时需要准备的材料有营业执照副本原件（必须经过上一年度年检，若营业执照的任何内容有变更，必须出示市场监督管理局出具的变更证明）、法人代表身份证件、被授权人身份证原件、公章、法人名章等。

二、股票买卖

投资者开立账户后即可委托证券商代理证券的买卖。当投资者准备买卖某种证券时可对证券商发出委托指令，证券商即向其交易所内的经纪人传达客户指令，经纪人按指令要求进行买卖，通过竞价成交后，由证券商代理投资人办理清算、交割和过户手续。委托指令的下达是从投资者填写委托单开始的。委托单要填入委托人姓名、证券账号、委托日期，写明证券名称、买卖数量、委托价格、委托方式及委托的有效期限等内容。

根据投资者委托的不同内容，证券委托有不同的分类。

从委托买卖证券的数量来看，证券委托有整数委托与零数委托之分。整数委托是指投资者委托证券商买进或卖出的证券数量以一个交易单位为起点或是一个交易单位的整数倍。零数委托是指委托买卖的证券数量不足一个交易单位。

从委托价格来看，证券委托有市价委托和限价委托之分。市价委托是指投资者向证券商发出委托指令时，只规定某种证券的名称、数量，而价格由经纪人随行就市，不做限定。限价委托即由投资者在发出委托指令时，提出买入或卖出某种证券的价格范围，经纪人在执行时必须按限定的最低价格或高于最低价格卖出，或按限定的最高价格或低于最高价格买进。从委托方式来看，有当面委托、电话委托、电报委托、传真委托、信函委托与自助委托之分。其他如电报委托、传真委托、信函委托等与当面委托的内容大体一样，只是分别通过电报、传真、信函的形式发出委托指令。

从委托有效期来看，证券委托有不定期委托与定期委托之分。不定期委托也称有效委托，即投资者发出委托指令时不规定指令的有效期限，只要不宣布撤销委托，则指令一直有效。定期委托也称限时委托，是指投资者发出委托买卖指令时，对交易的时间有一定的限制，超过时限则委托指令自动失效，而不论买卖是否成交。

三、竞价成交

证券商接受投资者委托后，即通知其在交易所内的经纪人按照投资者指令进行申报竞价，然后拍板成交。

（一）证券交易的竞价原则

证券竞价交易按照价格优先、时间优先的原则撮合成交。

价格优先的原则为：较高价格买入申报优先于较低价格买入申报，较低价格卖出申报优先于较高价格卖出申报。

时间优先的原则为：买卖方向、价格相同的，先申报者优先于后申报者。先后顺序按交易主机接受申报的时间确定。

集合竞价时，成交价格按照以下原则确定：①可实现最大成交量；②高于该价格的买入申报与低于该价格的卖出申报全部成交；③与该价格相同的买方或卖方至少有一方全部成交。两个以上价格符合上述条件的，取在该价格以上的买入申报累计数量与在该价格以下的卖出申报累计数量之差最小的价格为成交价；买卖申报累计数量之差仍存在相等情况的，开盘集合竞价时取最接近即时行情显示的前收盘价的价格为成交价，盘中、收盘集合竞价时取最接近最近成交价的价格为成交价。集合竞价的所有交易以同一价格成交。

连续竞价时，成交价格按照以下原则确定：①最高买入申报价格与最低卖出申报价格相同的，以该价格为成交价格；②买入申报价格高于集中申报簿当时最低卖出申报价格的，以集中申报簿当时的最低卖出申报价格为成交价；③卖出申报价格低于集中申报簿当时最高买入申报价格的，以集中申报簿当时的最高买入申报价格为成交价。

（二）竞价方式

在证券交易所中，证券买卖的价格是通过竞价方式确定的。目前竞价的方式有如下三种：

1. 口头竞价

口头竞价是指证券商在规定的交易台前或划定的区域内相互以口头喊价的方法讨价还价直至达成交易。其具体步骤和方法为：证券商接受委托后到交易所指定的区域内进行竞价，一般情况下，证券商要首先对拟订买卖的证券进行询价，以便较为准确地申报价格；其次证券商要按照委托人的具体要求以最为有利于委托人且能够成交的价格喊价。如果有其他证券商愿意接受这一喊价的话，那么就与其达成口头成交协议，然后共同在成交单上签字，同时及时通知委托人进行复盘。

2. 书面竞价

书面竞价是指证券买卖以书面形式达成交易价格的一种方法。书面竞价要经过申报、撮合和最后成交等环节。首先，证券商要将拟买卖的证券及其具体要求记录在“证券买卖记录单”上，并按照证券交易所的要求将其中一联交给交易所的中介经纪人。其次，中介经纪人接到“证券买卖记录单”后，按照价格和时间序列记录到“证券买卖申请记录表”上，然后按照“优先原则”进行撮合。最后，中介经纪人撮合成交后，将迅速通知买卖双方证券商交易员，由双方在“场内成交单”上签字盖章，履行成交手续，并通知委托人复盘。

3. 电脑竞价

电脑竞价是指证券商利用计算机联网系统进行证券交易达成交易价格的一种方法。电脑竞价要经过申报输入、撮合成交和成交信息反馈等环节。申报输入过程是指证券商将买卖证券的有关指令输入计算机终端，然后经计算机网络将申报指令传给交易所，交易所的计算机主机接到申报指令便发回已接受的通知，并由证券商打印“买卖申报回报单”。撮合成交过程就是证券交易所计算机主机按各个证券商发来的指令进行自动搜寻，选择最佳匹配组合方案，从而使之撮合成交。成交信息反馈是指证券交易所计算机主机在撮合成交的同时向成交双方证券商发出信息，通知他们成交的结果，最后由双方计算机的终端打印“成交回报单”。利用计算机进行证券交易，大大提高了证券交易的效率，促进了证券市场向现代化方向发展。

（三）竞价结果

竞价的结果有三种可能：全部成交、部分成交、不成交。

四、股票结算与过户

（一）清算、交割和交收的含义

股票清算主要是指在每一营业日中对每个股票经营机构成交的股票数量与价款分别予以轧抵，然后再将其应收、应付证券和应收、应付差额款项按照一定的规则和惯例进行结算的过程。股票的清算、交割和交收统称股票结算。

（二）股票结算

股票结算的方式包括逐笔交收和净额交收两种。

（1）逐笔交收，即对成交的股票及相应价款进行逐笔结算，主要是为了防止在股票风险特别大的情况下净额结算风险积累情况的发生。

（2）净额交收，即买卖双方在约定的交收期限内，以买卖双方进行股票交易后计算出的股票和资金的净额进行交收。净额交收必须通过结算机构进行，比较适合投资者较为分散、成交笔数较多、每笔成交数量较小的股票市场和交易方式。

（三）过户

股票过户是指投资者买入记名证券后，应到证券发行公司或指定的过户机构办理所有权变更登记手续，即证券原所有者（卖方）向新所有者（买方）转移有关证券全部权利的记录手续。投资者只有办理了过户手续才能享受所有者的相应权益。我国的证券交易所的股票已经实行“无纸化”交易，通过股票账户可实现电脑交易过户一体化。所有的过户手续都由交易所的电脑自动过户系统一次完成，无须投资者另外办理过户手续。

（四）相关费用

投资者在参与股票交易时，需缴纳一定的费用，主要包含佣金（证券公司收取）、证券交易经手费（交易所收取）、证券交易监管费（证监会收取）、证券交易印花税（税务部门收取）。其中经手费、监管费及印花税等均由证券公司代为收取，一般情况下，包含在佣金内，具体情况以开户证券公司收取为准。

第二节 常见规则和术语

一、开盘价

开盘价又称开市价，是指某种证券在证券交易所每个交易日开市后的第一笔每股买卖成交价格。世界上大多数证券交易所都采用成交额最大原则来确定开盘价。如果开市后一段时间内（通常为半小时）某种证券没有买卖或没有成交，则取前一日的收盘价作为当日证券的开盘价。如果某证券连续数日未成交，则由证券交易所的场内中介经纪人根据客户对该证券买卖委托的价格走势提出指导价，促使成交后作为该证券的开盘价。在无形化交易市场中，如果某种证券连续数日未成交，则以前一日的收盘价作为它的开盘价。

二、多头

指投资者对股市看好，预计股价将会上涨，趁低价买进股票，待股票上涨至某一价位时再卖出，以获取差额收益。

三、空头

指投资者对股市前景不看好，预计股价将会下跌，趁相对高价卖出股票，待股票下降至某一价位再买入，以获取差额收益。

四、利多

利多又叫利好。对个股而言，利多就是指有助于提升股价的信息，利多信息大部分来自公司内部经营情况向好的信息披露，如营业收入创新高、获得某大订单等；对股市整体而言，利多指能促使大盘上涨的信息。

五、利空

对个股而言，利空是指能够导致股价下跌的信息，例如上市公司经营业绩恶化。对股市整体而言，利空会导致大盘下跌，比如经济衰退、天灾人祸等，以及其他政治、经济、军事、外交等方面的不利消息。

六、买空

买空是股票、期货等市场的一种操作模式。买空亦称“多头交易”（long sale），与卖空（short sale）相对应，投资者预测某一证券价格将会上涨，但自有资金有限不能大量买入，于是先缴纳部分保证金并支付一定利息向券商借入资金买入证券（期货交易是买入看涨合约），待证券价格上涨一定幅度时再卖，以获取差额收益。

七、卖空

与买空相对，卖空理论上是先借贷卖出，再买进归还。做空是指投资者预期某一证券未来行情将下跌，将手中借入的股票按目前价格卖出，待股价下跌后买进再归还，以获取差额收益。其交易行为特点为先卖后买。实际上卖空有点像商业中的赊货交易模式。这种模式在价格下跌的波段中能够获利，就是先在高位借货卖出，等下跌之后再买进归还。比如预计某一股票未来会跌，就在当期价位高时借入此股票（期货交易是买入看跌的合约）卖出，再到股价跌到一定程度时买进，以现价还给卖方，产生的差价扣除交易费用后就是利润。

八、建仓

对股票市场而言，建仓指投资者新买入股票的行为。在期货市场上，建仓即开仓，指期货投资者新买入或新卖出一定数量的期货合约。

九、平仓

平仓是指期货交易者买入或者卖出与其所持期货合约的品种、数量及交割月份相同但交易方向相反的期货合约，是了结期货交易的行为，“原先买入就卖出，原先是卖出的就买入”。

十、斩仓

斩仓是指在买入标的（股票或期货合约）后，①标的价格（股票或期货）下跌，投资者为止损而低价卖出标的（股票或期货合约）；②为资金周转需要而低价卖出标的

（股票或期货合约）。

十一、拔档

拔档指持有股票的多头遇到股价下跌，并预期未来股价下跌概率较高，卖出股票并等待股价调整后再补回，以减少损失。

十二、回档

回档指股价在上升趋势中因涨幅较高而暂时回调的现象。

十三、反弹

反弹指股价在下跌趋势中因股价下跌速度过快而反转回升到某一价位的调整现象。

十四、开高

开高是指今日开盘价在昨日收盘价之上。

十五、开平

开平是指今日开盘价与昨日收盘价相同。

十六、开低

开低是指今日开盘价在昨日收盘价之下。

十七、超卖

超卖是指一种证券在一段时间内因过度卖出导致价格显著下跌后，近期内可能上涨。

十八、超买

超买是指一种证券在一段时间内因过度买入导致价格短时间内急涨后，近期内可能下跌。

十九、轧空

轧空是指证券市场上的某一操纵集团，将证券市场流通股票吸纳集中，致使证券交易市场上的卖空者，除此集团之外，已经没有其他来源补回股票，轧空集团趁机操纵证券价格的一种方式。

二十、T+1 交收

T+1 交收指交易双方在交易次日完成与交易有关的证券、款项收付，即买方收到证券、卖方收到款项。

二十一、除权除息

上市公司以股票股利分配给股东，也就是公司的盈余转为增资，或进行配股时，就要对股价进行除权（XR），XR 是除去（exclude）、权利（right）的简写。上市公司将盈余以现金分配给股东，股价就要除息（XD）。除权除息日购入该公司股票的股东则不可以享有本次分红派息或配股。

第二章　债券

债券是一种有价证券，是社会各类经济主体为筹集资金而向债券投资者出具的承诺定期支付利息并到期偿还本金的债权债务凭证。债券的发行主体可以是政府（或政府机构）、非金融企业、金融机构，还可以是国际组织。证券具有以下特征：

（1）偿还性。债券持有人按规定获得利息和收回本金，债券发行人按约定条件偿还本金并支付利息。

（2）流通性。在流通市场上，债券一般都可以自由转让。

（3）优先性。企业破产时，债券持有者享有优先于股票持有者对企业剩余资产的分配权。

（4）收益性。债券的收益性表现在两个方面：一是债券可以获得固定的利息收入；二是可以通过在证券市场上的买卖交易，获得差价收入。

投资债券的收益来源包括利息收入和资本利得两个部分。其中利息收入是根据债券发行时的票面利率计算的持有债券应得利息；资本利得是债券买入价与卖出价或买入价与到期偿还额之间的差额。当卖出价或偿还额大于买入价时，为资本收益；当卖出价或偿还额小于买入价时，为资本损失。

第一节 债券投资实验基础

一、债券的分类

（一）按照主体划分

债券按照主体划分可以分为政府债券、政府支持机构债券、金融债券、企业信用债券以及其他五个大类，详细划分如表 2-1 所示。

表 2-1 债券的分类

大类	品种	发行主体	交易场所
政府债券	国债	中央政府	记账式国债在银行间市场、交易所交易，储蓄式国债通过商业银行柜台向个人投资者发行
	地方政府债券	地方政府	银行间市场、交易所
政府支持机构债券	铁道债券	中国铁路总公司	银行间市场、交易所
	中央汇金债券	中央汇金投资有限责任公司	银行间市场
金融债券	政策性金融债券	国家开发银行和政策性银行、中国进出口银行、中国农业发展银行	银行间市场、交易所
	商业银行债券	境内设立的商业银行法人	银行间市场
	非银行金融债券	境内设立的非银行金融机构法人	银行间市场、交易所
企业信用债券	企业债	境内具有法人资格的企业	银行间市场、交易所
	公司债	公司制法人（不包括地方政府融资平台公司）	交易所
	短期融资债	具有法人资格的非金融企业	银行间市场

表2-1（续）

大类	品种	发行主体	交易场所
企业信用债券	超短期融资债	具有法人资格的非金融企业	银行间市场
	中期票据	具有法人资格的非金融企业	银行间市场
	非公开定向债务融资工具	具有法人资格的非金融企业	银行间市场
其他	同业存单	存款类金融机构法人	银行间市场

例如，我国为应对2020年突如其来的新冠肺炎疫情，以习近平同志为核心的党中央高瞻远瞩、统揽全局，发行抗疫特别国债。财政部门坚决贯彻党中央、国务院决策部署，及时发行了抗疫特别国债1万亿元，并建立“一竿子插到底”的特殊转移支付机制，为基层抗击疫情、复工复产、保障民生等提供了充足的“粮草军需”。

（二）按付息方式划分

零息债券：低于面值折价发行，到期按面值一次性偿还，期限在1年以上。

贴现债券：低于面值折价发行，到期按面值一次性偿还，期限在1年以内。

固定利率付息债券：发行时标明票面利率、付息频率、付息日期等要素，按照约定利率定期支付利息，到期日偿还最后一次利息和本金。

浮动利率付息债券：以某一短期货币市场参考指标为债券基准利率并加上利差（发行主体可通过招标确定）作为票面利率，基准利率在待偿期内可能变化，但基本利差不变。

利随本清债券：发行时标明票面利率，到期兑付日前不支付利息，全部利息累计至到期兑付日和本金一同偿付。

（三）按币种划分

人民币债券：以人民币计价的债券，包括境内机构发行的人民币债券和境外机构发行的熊猫债券，占中国债券市场的绝大部分。

外币债券：以外币计价的债券。

SDR债券：以特别提款权（SDR）计价的债券。

（四）按流通方式划分

可流通债券：可在银行间债券市场、交易所债券市场、商业银行柜台等市场中一个或多个市场交易流通的债券。

不可流通债券：不可流通转让的债券，可提前兑取、质押贷款、非交易过户等。

二、债券的交易

投资者参与沪深交易所公司债券交易，目前主要是通过深圳、上海市场 A 股账户进行。符合相关资格条件的境内自然人、境内港澳台居民、获得中国永久居留权的外国人、境内法人、境内非法人机构，通过开户代理机构办理 A 股账户开立业务。具体资格条件、申请材料及办理流程参见《中国证券登记结算有限责任公司证券账户业务指南》相关规定。境内自然人投资者申请开立证券账户时，需提交：①证券账户开立申请表；②投资者有效身份证明文件（第二代居民身份证）及复印件；③委托他人代办的，还需提供经公证的委托代办书、代办人有效身份证明文件及复印件。

三、开户交易的基本流程

投资者入市开户交易的基本操作流程一般如图 2-1 所示。

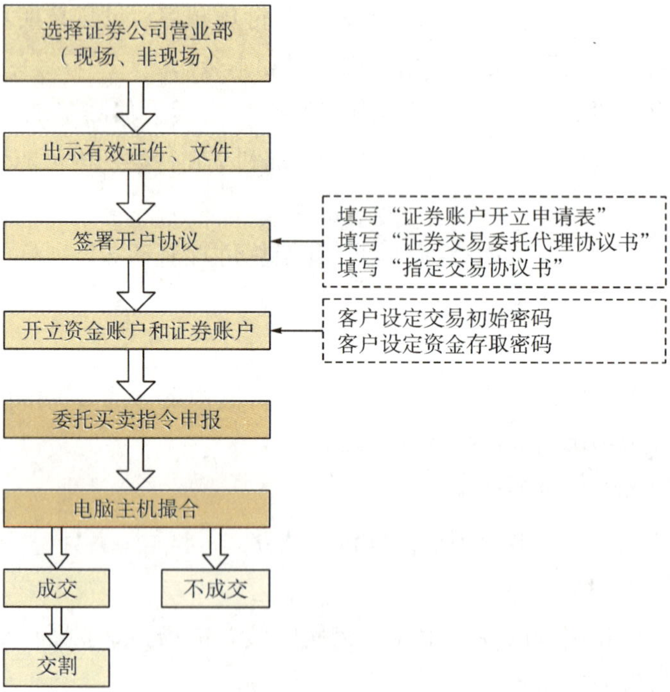

图 2-1　投资者入市开户交易的基本操作流程

四、普通投资者可投资的债券范围

普通投资者可以认购及交易交易所上市的下列债券：

（1）国债；

（2）地方政府债券；

（3）政策性银行金融债券；

（4）公开发行的可转换公司债券；

（5）符合证监会《公司债券发行与交易管理办法》和证券交易所《公司债券上市规则》规定条件，面向公众投资者公开发行的公司债券；

（6）交易所认可的其他债券品种。

五、交易所债券市场的交易结算流程

交易所债券市场的交易结算流程大致包括四个步骤：

（1）开户。债券投资者进入证券交易所参与债券交易，首先应选择一家证券经纪公司（交易所会员）办理开户手续，签订指定交易协议和证券交易委托协议，同时开立现金账户和证券账户。

（2）委托和申报。投资者可以通过书面或电话、自助终端、互联网等自助委托方式下达委托指令，委托交易所会员买卖债券。委托指令可以是限价委托或市价委托。委托指令进行竞价交易申报，申报时间是交易日的 9:15—9:25（开盘集合竞价），及 9:30—11:30、13:00—14:57（连续竞价）、14:57—15:00（收盘集合竞价）。

（3）交易达成。债券竞价交易按价格优先、时间优先的原则撮合成交。

（4）清算与交收。同时采用集中竞价交易和协议大宗交易方式的债券现券及质押式回购交易采用净额担保结算，即净额清算、担保交收。证券登记结算机构对投资者等各结算参与人的应收应付债券、资金进行冲抵轧差清算，并作为中央对手方承担担保交收职责。交易日 15:00 证券交易所收市后，证券登记结算机构根据交易所发送的成交数据进行清算，并将清算结果发送各结算参与人，T+1 日债券完成交收。

六、债券投资的主要风险

债券投资的风险是指债券预期收益变动的可能性及变动幅度，债券投资的风险是普遍存在的。债券投资的主要风险有利率风险、通货膨胀风险、信用风险以及流动性风险等。

（一）利率风险

利率风险指利率变动引起债券价格波动的风险。债券的价格与利率呈反向变动关系：利率上升时，债券价格下降。例如，十年前小李购买了一种面值 1 000 元，年息 10% 利率的债券，到现在，如果其他债券都支付 12%的年利率，那么小李就不可能再以 1 000 元的面值将这种债券卖给别人，该债券的售价肯定会低于面值，使得其实际收益率达到 12% 的水平。这种由于未来利率变化的不确定性，而导致债券贬值的风险，便是债券的利率风险。

（二）通货膨胀风险

在现实生活中，每个人都会遇到这样的问题，由于物价的上涨，同样金额的资金，未必能买到过去同样的商品。这种物价的变化导致了资金实际购买力的不确定性，称为购买力风险，或通货膨胀风险。同样在债券市场上，由于投资债券的回报是以货币的形式来支付的，因此在通货膨胀时期，货币的购买力下降，也就是投资的实际收益下降，也存在给投资者带来损失的可能。值得注意的是，债券的利率风险和通货膨胀风险不是割裂的，通货膨胀率会影响市场的利率水平。

（三）信用风险

信用风险指因交易对手未能履行合同义务而造成经济损失的风险，债券的信用风险包括违约风险和市场价格风险（价差风险）。债券发行者因各种原因不能按时兑付债券契约规定的利息和本金而发生违约，由此带给债券投资者的风险叫作违约风险。价差风险指由于债务人信用评级下降而导致价格下降的风险。

（四）流动性风险

债券的流动性衡量的是债券投资者将手中的债券变现的能力。债券投资的流动性风险是指目前交易所有些债券的交投非常不活跃，投资者在短期内无法以合理价格出售债券。但若准备持有到期，则不需要考虑流动性风险。

（五）提前赎回风险

提前赎回风险指对于含有提前赎回条款的公司债，发行公司可能在市场利率大幅下降时行使提前赎回权并在到期日前赎回债券，从而使投资者因提前赎回导致的利息损失和降低再投资回报的风险。

第二节 常见规则和术语

（一）国债交易规则

（1）记账式国债的交易方式与股票交易相同，在成交后，债券的增减均相应记录在其“证券账户”或“基金账户”内；无记名国债在卖出交易前，投资者必须将无记名国债拿到指定的证券公司处办理托管手续，然后在其指定的证券公司处进行交易。买入无记名国债后，投资者需要实物券时，可在指定的证券公司处办理提取实物券手续。

（2）国债现货的计价单位为每百元面额。

（3）国债现货交易实行“T + l”资金清算，投资者与所指定的证券公司在成交债券后的第二个营业日办理交割手续。

（二）记账式国债

记账式国债是指没有实物形态的票券，投资者持有的国债登记于证券账户中，投资者只取得收据或对账单以证实其所有权的一种国债。在我国，上海证券交易所和深圳证券交易所已为证券投资者建立了电脑证券账户，因此可以利用证券交易所的系统来发行债券。近年来，我国通过沪、深证券交易所的交易系统发行和交易的记账式国债就是这方面的实例。如果投资者进行记账式债券的买卖，就必须在证券交易所设立账户，因此记账式国债又称无纸化国债。

（三）凭证式国债

凭证式国债的形式是一种债权人认购债券的收款凭证，而不是债券发行人制定的标准格式的债券。近年来，我国通过银行系统发行的凭证式国债，券面上不印制票面金额（根据认购者的认购额填写实际的缴款金额），是一种国家储蓄债，可记名、挂失，以“凭证式国债收款凭证”记录债权，不能上市流通，从购买之日起计息。在持有期内，如果持券人遇到特殊情况需要提取现金，那么其可以到购买网点提前兑取。提前兑取时，除偿还本金外，利息按实际持有天数及相应的利率档次计算，经办机构按兑付本金的0.2%收取手续费。

（四）无记名国债

无记名国债是一种票面上不记载债权人姓名或单位名称的债券，通常以实物券的形式出现，又称实物券或国库券。实物券是一种具有标准格式实物券面的债券。在标准格式的债券券面上，一般印有债券面额、债券利率、债券期限、债券发行人全称、还本付息方式等各种债券票面要素。有时，债券利率、债券期限等要素也可以通过公告的方式向社会公布，而不在债券券面上注明。

（五）国债回购交易

国债回购交易是指证券买卖双方在成交的同时就约定于未来某一时间以某一价格再进行反向的交易，是一种以有价证券为抵押品拆借资金的信用行为。其实质内容是：证券的持有方（融资者、资金需求方）以持有的证券作抵押，获得一定期限内的资金使用权，期满后需要归还借贷的资金，并按约定支付一定的利息；而资金的贷出方（融券方、资金供应方）暂时放弃相应资金的使用权，从而获得融资方的证券抵押权，并于回购期满时归还对方抵押的证券，收回融出资金并获得一定利息。

（六）企业债券

企业债券为中华人民共和国内具有法人资格的企业为筹集生产与建设资金，依照法定程序发行，约定在一定期限内还本付息的债务凭证。在中国，企业债券泛指各种所有制企业发行的债券。

（七）可转换公司债

可转换公司债是指发行人依照法定程序发行，在一定期限内依据约定的条件可以转换成股份的公司债券。这种债券享受转换特权，在转换前是公司债的形式，而在债券转换后相当于增发了股票。可转换公司债兼有债权和股权的双重性质。

（八）金融债券

金融债券是指银行及非银行金融机构依照法定程序发行并约定在一定期限内还本付息的有价证券。金融机构的资金来源有很大部分靠吸收存款，但有时它们为改变资产负债结构或者用于某种特定用途，有可能发行债券以增加资金来源。

（九）国际债券

国际债券是一种在国际上直接融通资金的金融工具，是一国政府、金融机构、工商企业或国际性组织为筹集中长期资金而在国外金融市场发行的，以外国货币为面值币种的债券。国际债券的发行者与发行地不在同一个国家，因此债券的债务人和债权人也分属不同的国家。

（十）短期融资券

短期融资券是指中华人民共和国境内具有法人资格的非金融企业依照《证券公司短期融资券管理办法》规定的条件和程序，在银行间债券市场发行并约定在一定期限内还本付息的有价证券。

（十一）债券面值

债券面值是指债券发行时所设定的票面金额，代表着发行人借入并承诺于未来某一特定日期（如债券到期日）偿付给债券持有人的金额。当然，债券面值和投资者因购买国债而借给债券发行人的总金额是不同的。实际上，这是投资债券的本金而不是债券面值。

（十二）净价交易

净价交易是指进行债券现券交易时，以不含应计利息的价格报价并成交的交易方式，即债券持有期已计利息不计入报价和成交价格中。在进行债券现券交易清算时，买入方除按净价计算的成交价款向卖方支付外，还要向卖方支付应计利息，在交割清单的净价和应计利息中分别列示。目前净价交易采取一步到位的办法，即交易系统直接实行净价报价，同时显示债券成交价格和应计利息额，并以两项之和作为债券买卖价格；结算系统直接实行净价结算，以债券成交价格与应计利息额之和作为债券结算交割价格。

目前的银行间债券市场和交易所债券市场都实行净价交易。在净价交易下，进行债券现券交易时，以不含应计利息的价格（净价）报价和成交，而在结算时，再采用全价价格，也就是买方除按净价支付成交价款外，还要另外向卖方支付应计利息，净价和应付利息这两项在交割清单中分别列示，以便于国债交易的税务处理。全价、净价和应计利息三者的关系如下：全价＝净价＋应计利息。即结算价格＝成交价格＋应计利息。

（十三）债券期限

债券的期限即债券发行时就确定的债券还本的年限，债券到期，发行人必须偿还本金，债券持有人收回本金的权利受到法律的保护。债券按期限的长短不同可分为长期债券、中期债券和短期债券。长期债券的期限在 10 年以上，短期债券的期限一般在 1 年以内，中期债券的期限则介于两者之间。债券的期限越长，债券持有者资金周转越慢，在银行利率上升时有可能使投资收益受到影响，因此债券的投资风险也越高。为了获取与遭受的风险相对称的收益，债券的持有人当然会对期限长的债券要求较高的收益率，因此长期债券的价格一般要高于短期债券的价格。

第三章 基金

证券投资基金（简称“基金”）是指通过发售基金份额，把众多投资人的资金集中起来，形成独立财产，由基金托管人托管，基金管理人管理，以投资组合的方式进行证券投资的一种利益共享、风险共担的集合投资方式。

根据募集方式的不同，基金可以分为公开募集基金（以下简称“公募基金”）和非公开募集基金。公募基金是指以公开方式向社会公众投资者募集资金并以证券为投资对象的证券投资基金。公募基金在法律法规的严格监管下，在投资范围、投资策略、信息披露、利润分配、运行管理等方面有着严格的行业规范。

第一节 证券投资基金实验基础

一、基金产品的分类

根据投资对象的不同，我们可以将基金分为股票型基金、债券型基金、混合型基金和货币型基金。根据证监会对基金的分类标准，股票型基金是指基金资产 80%以上投资于股票的基金；80%以上基金资产投资于债券的基金为债券型基金。混合型基金是指以股票、债券等为投资对象的基金，混合型基金根据股、债资产投资比例及其投资策略又可分为偏股型基金、偏债型基金、平衡型基金等。货币型基金主要投资于国债、央行票据、银行定期存单、同业存款等低风险的短期有价证券（一般期限在一年以内，平均期限为120天）。

根据投资地域的不同，基金可分为投资国内证券市场的A股基金和投资境外市场的QDII（qualified domestic institutional investor，即合格境内机构投资者）基金。

根据投资策略的不同，基金可分为主动基金和被动基金。主动基金是基金管理人主动管理，以取得超越市场的业绩表现为目标的一种基金，需要由基金经理对证券市场进行深入研究，主动选择投资品种来确定投资组合。被动基金一般指的是指数基金。

根据运作方式的不同，基金可分为开放式基金和封闭式基金。

本节主要以开放式基金和封闭式基金为例对基金的基本操作进行介绍。

一、开放式基金的操作

开放式基金，又称共同基金，是指基金发起人在设立基金时，基金单位或者股份总规模不固定，可视投资者的需求，随时向投资者出售基金单位或者股份，并可以应投资者的要求赎回发行在外的基金单位或者股份的一种基金运作方式。投资者既可以通过基金销售机构购买基金，也可以将持有的基金份额卖给基金销售机构并收回现金。

开放式基金的操作流程如下：

（一）开立基金账户

投资人买卖开放式基金首先要开立基金账户。按照规定，有关销售文件对基金账户的开立条件、具体程序须予以明确。上述文件将放置于基金销售网点供投资人开立基金账户时查阅。

（二）购买基金

投资人在开放式基金募集期间、基金尚未成立时购买基金单位的过程称为认购。通常认购价为基金单位面值（1元）加上一定的销售费用。

投资人申购基金时通常应填写申购申请书，交付申购款项。款项一经交付，申购申请即为有效。具体申购程序会在有关基金销售文件中详细说明。申购基金单位的数量是以申购日的基金单位资产净值为基础计算的。具体计算方法须符合监管部门的有关规定，并在基金销售文件中载明。

（三）卖出基金

与购买基金相反，投资人卖出基金是指把手中持有的基金单位按一定价格卖给基金管理人并收回现金，这一过程也称为赎回。其赎回金额是以当日的单位基金资产净值为基础计算的。

投资人赎回基金通常应在基金销售点填写赎回申请书。按照《开放式证券投资基金试点办法》的规定，基金管理人应当于收到基金投资人赎回申请之日起 3 个工作日内，对该交易的有效性进行确认，并应当自接受基金投资人有效赎回申请之日起 7 个工作日内，支付赎回款项。需要注意的是，不同基金赎回金额到账时间不等，需要查阅基金销售文件或者咨询基金管理人。

（四）申请基金转换

基金转换，是指当一家基金管理公司同时管理多只开放式基金时，基金投资人可以将持有的一只基金转换为另一只基金，即投资人卖出一只基金的同时，买入该基金管理公司管理的另一只基金。通常，基金转换费用非常低，甚至不收取。

（五）非交易过户

基金的非交易过户是指在继承、赠予、破产支付等非交易原因情况下发生的基金单位所有权转移的行为。非交易过户也须到基金的销售机构办理。

（六）红利再投资

红利再投资是指基金进行现金分红时，基金持有人将分红所得的现金直接用于购买该基金，将分红转为持有基金单位。对基金管理人来说，红利再投资没有发生现金流出，因此，红利再投资通常是不收申购费用的。

（七）开放式基金的费用

在开放式基金销售和运作的过程中会发生一些费用，这些费用最终由基金投资人承担，用来支付基金管理人、基金托管人、销售机构和注册登记机构等提供服务所产生的费用。开放式基金的费用主要分为两大类：一是基金投资人直接负担的费用，该费用指投资人进行基金交易时一次性支付的费用，包括申购费、赎回费、再投资费、转换费等。二是基金运营费用，基金运营费用指基金在运作过程中发生的费用，主要包括基金管理费、基金托管费、其他费用等，这些费用直接从基金资产中扣除。

二、封闭式基金的操作

（一）封闭式基金的开户

由于封闭式基金成立之后不能赎回，除了成立之时投资者可以在基金公司指定的单位购买之外，整个封闭期都只能在二级市场上进行交易，直至到期日。封闭式基金发行结束后，就不能按基金净值买卖，投资者可委托券商（证券公司）在证券交易所按市价（二级市场价格）买卖。

（二）封闭式基金的交易

封闭式基金渡过封闭期后就可以通过证券公司在证券交易所按市价（二级市场价格）买卖。

1. 交易规则

封闭式基金的交易时间为每周一至周五，每天上午 9:30—11:30、下午 1:00—3:00，法定节假日除外。封闭式基金的交易遵从“价格优先、时间优先”的原则。价格优先是指较高价格买进申报优先于较低价格买进申报，较低价格卖出申报优先于较高价格卖出申报。时间优先是指买卖方向、价格相同时先申报者优先于后申报者。先后顺序按交易主机接受申报的时间确定。封闭式基金的报价单位为每份基金的价格。基金申报价格的最小变动单位为 0.001 元人民币。买入与卖出封闭式基金份额的申报数量应为 100 份或其整数倍。

我国封闭式基金的交易采用电脑集合竞价和连续竞价两种方式。电脑集合竞价是指对一段时间内接收的买卖申报一次性集中撮合的竞价方式。连续竞价是指对买卖申报逐笔连续撮合的竞价方式。集合竞价的时间为交易日上午 9:15—9:25；连续竞价的时间为交易日上午 9:30—11:30、下午 1:00—3:00。

目前，沪、深证券交易所对封闭式基金的交易与股票交易一样实行价格涨跌幅限制，涨跌幅比例为 10%（基金上市首日除外）。我国封闭式基金的交收与 A 股一样实行“T + 1”交割、交收，即达成交易后，相应的基金交割与资金交收在成交日的下一个交易日（“T + 1”日）完成。

2. 交易费用

目前，我国基金交易的佣金不得高于成交金额的 0.3%，起点为 5 元，不足 5 元的按 5 元收取。除此之外，上海证券交易所还按成交面值的 0.05%收取登记过户费，由证券公司向投资者收取。该项费用由证券登记公司与证券公司平分。目前，在沪、深证券交易所上市的封闭式基金不收取印花税。

三、ETF 基金的操作

“交易型开放式指数证券投资基金”（exchange traded fund，ETF），简称“交易型开放式指数基金”，又称“交易所交易基金”。

ETF 是一种跟踪“标的指数”变化且在证券交易所上市交易的基金。投资人可以如买卖股票那么简单地去买卖“标的指数”的 ETF，即可以获得与该指数基本相同的报酬率。

ETF 是一种特殊的开放式基金，既吸收了封闭式基金可以当日实时交易的优点，投资者可以像买卖封闭式基金或者股票一样，在二级市场买卖 ETF 份额；同时，ETF 也具备了开放式基金可自由申购赎回的优点，投资者可以如买卖开放式基金一样，向基金管理公司申购或赎回 ETF 份额。

ETF 通常由基金管理公司管理，基金资产为一篮子股票组合，组合中的股票种类与某一特定指数（如上证 50 指数）包含的成分股票相同，股票数量比例与该指数的成分股构成比例一致。例如，上证 50 指数包含中国银行、中国石化等 50 只股票，上证 50 指数 ETF 的投资组合也应该包含中国银行、中国石化等 50 只股票，且投资比例同指数样本中各只股票的权重对应一致。换句话说，指数不变，ETF 的股票组合不变；指数调整，ETF 投资组合也要做相应调整。

目前 ETF 根据投资标的的资产类型或运作模式不同，分为股票 ETF、债券 ETF、跨境 ETF、商品 ETF、交易型货币基金几类，各类又细分出多个子类型。

（一）ETF 的主要特点

（1）分散投资，ETF 一般持有成百上千只指数成分证券，很好地分散了投资风险。

（2）专业管理，ETF 由专业人员管理，保证 ETF 紧密追踪其对应的指数和最小化不必要的成本。

（3）交易灵活，像股票和债券一样，ETF 也可以通过券商于交易时间内在场内交易。

（4）成本低廉，由于被动追踪特定指数，ETF 比主动管理型基金费用更加低廉。

（5）门槛较低，通过投资 ETF，投资者可以以极小的初始成本开展分散化的投资。

（二）如何买卖 ETF

ETF 的交易与股票和封闭式基金的交易完全相同，基金份额是在投资者之间买卖的。投资者利用现有的证券账户或基金账户即可进行交易，而不需要开设任何新的账户。ETF 的二级市场交易同样需要遵守交易所的有关规则，如当日买入的基金份额当日不得卖出，并可适用大宗交易的相关规定等。ETF 二级市场交易示意图如图 3-1 所示。

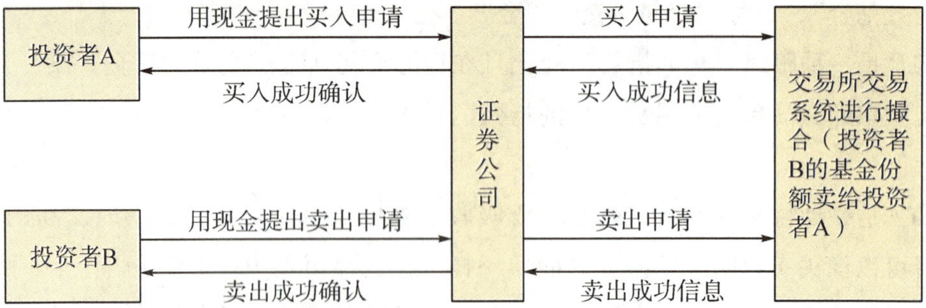

图 3-1　ETF 二级市场交易示意图

（三）ETF 份额的交易规则

ETF 份额的交易规则如表 3-1 所示。

表 3-1　ETF 份额的交易规则

交易时间	上海证券交易所的开市时间：周一至周五的上午 9:30—11:30 和下午 1:00—3:00（节假日除外）
交易方式	在交易日的交易时间通过任何一家证券公司委托下单
开户	需开立上海证券交易所 A 股账户或基金账户
交易单位	100 份基金份额为 1 手，并可适用大宗交易的相关规定
交易价格	每 15 秒计算一次参考性基金单位净值（IOPV），大约等于“上证 50 指数/1 000”，供投资者参考
价格最小变动单位	0.001 元
涨跌幅限制	0.1
交易费用	无印花税，佣金不高于成交金额的 0.3%，起点 5 元
清算交收	T 日交易，T+1 日交收

（四）ETF 的实物申购与赎回

ETF 的基金管理人每日开市前会根据基金资产净值、投资组合以及标的指数的成分股情况，公布“实物申购与赎回”清单（也称“一篮子股票档案文件”）。投资人可依据清单内容，将成分股票交付 ETF 的基金管理人而取得“实物申购基数”或其整数倍的 ETF；以上流程将创造出新的 ETF，使得 ETF 在外流通量增加，称之为实物申购。实物赎回则是与之相反的程序，使得 ETF 在外流通量减少，也就是投资人将“实物申购基数”或其整数倍的 ETF 转换成实物申购赎回清单的成分股票的流程。

ETF 的实物申购与赎回只能以实物交付，只有在个别情况下（例如当部分成分股因停牌等原因无法从二级市场直接购买），才可以有条件地允许部分成分股采用现金替代的方式。

ETF“实物申购、赎回”的交易对手方是投资者和基金，如图 3-2、图 3-3 所示。

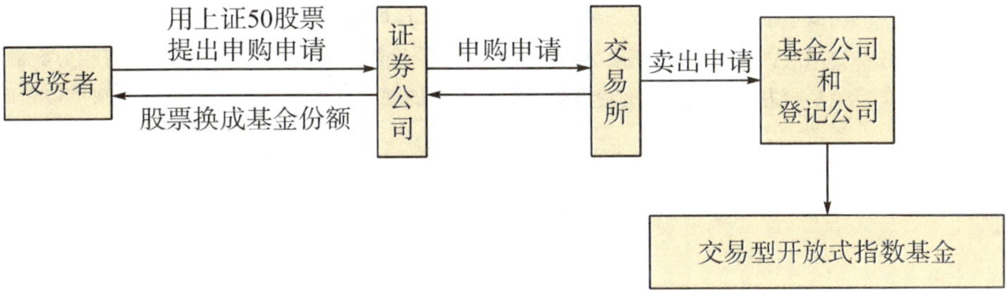

图 3-2　申购示意图

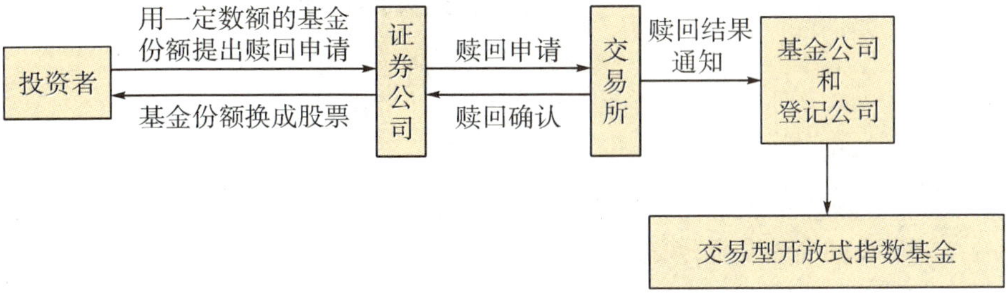

图 3-3　赎回示意图

（五）如何办理 ETF 的申购赎回

办理 ETF 的申购时，投资者需要按照每日公告的“申购赎回清单”，准备一篮子股票（或有少量现金）。这些股票可以是库存的，也可以是当日买入的。以一篮子股票申购的 ETF 份额当日即可卖出；同样地，当日赎回 ETF 份额获得的一篮子股票，当日即可卖出，其相关要求如表 3-2 所示。

表 3-2 ETF 的申购赎回相关规则

申购赎回方式	在交易日的交易时间通过参与证券公司委托下单
申购赎回时间	上海证券交易所的开市时间：周一至周五的上午 9:30—11:30 和下午 1:00—3:00（节假日除外）
开户	需开立上海证券交易所 A 股账户
申购赎回单位	100 万份基金份额或其整数倍
申购赎回清单	基金管理公司于每交易日开盘前通过上海证券交易所以及公司信息披露渠道公布当日的申购赎回清单，在该清单中列明投资者申购赎回时所需准备（或将得到）的所有证券、现金及其数量
申购赎回费用	无印花税，佣金不超过申购、赎回份额的 0.5%

*说明：在申购赎回清单中，“现金余额”的数值可能为正，也可能为负。在投资者按申购赎回清单进行申购时，如现金余额为正数，则投资者应支付相应数额的现金，如现金余额为负数，则投资者将获得相应数额的现金；在投资者赎回时，如现金余额为正数，则投资者将获得相应数额的现金，如现金余额为负数，则投资者应支付相应数额的现金。

第二节 常见规则和术语

一、封闭式基金的交易规则

（1）封闭式基金发行结束后，不能按基金净值买卖，投资者可委托券商（证券公司）在证券交易所按市价（二级市场）买卖，直到到期日。

（2）封闭式基金的交易时间为每周一至周五（法定公众节假日除外），每天 9:30—11:30，13:00—15:00。

（3）封闭式基金的交易遵从“价格优先，时间优先”的原则。价格优先是指较高价格买进申报优先于较低价格买进申报，较低价格卖出申报优先于较高价格卖出申报。时间优先是指买卖方向、价格相同的，先申报者优先于后申报者。先后顺序按交易主机接受申报的时间确定。

（4）目前，沪、深证券交易所对封闭式基金的交易与股票交易一样实行价格涨跌幅限制，涨跌幅比例为10%（基金上市首日除外）。同时，我国封闭式基金在达成交易后，二级市场交易份额和股份的交割是在T+0日，资金交割是在T+1日完成。

（5）交易费用。按照沪、深证券交易所公布的收费标准，我国基金交易佣金不得高于成交金额的0.3%，起点为5元，不足5元的按5元收取，由证券公司向投资者收取。目前，在沪、深证券交易所上市的封闭式基金交易不收取印花税。

二、开放式基金交易规则

开放式基金一般不在交易所挂牌交易，它通过基金管理公司及其指定的代销网点销售，银行是开放式基金最常用的代理销售渠道。

（1）投资者若决定投资某基金管理公司的基金，必须先到该基金管理公司指定的销售网点开立基金账户，基金账户用于记载投资者的基金持有情况及变更。

（2）投资者申请开设基金账户应向销售网点提出书面申请，并出具基金招募说明书及基金契约中规定的相应证件。通常包括：法人投资者的营业执照复印件和法定代表人证明书及法定代表人授权委托书、个人投资者的身份证、用于结算的银行账号、预留印鉴卡等。

（3）投资者每次申购赎回都必须到指定销售网点填写申购赎回申请表，若技术条件成熟也可以通过传真、电话和互联网发出指令。由于开放式基金的交易价格是以当日的基金净值为准，因此客户在申购时只能填写购买多少金额的基金，等到申购次日早上前一天的基金净值公布后，才会知道实际买到了多少基金份额；而赎回时，投资者只要填写赎回份额就可以了。

（4）办理完申购赎回手续后，投资者可以到销售点打印成交确认单或交割单（基金管理公司一般也会定期给投资者邮寄一段时期内的交易清单），此笔交易完成。

三、常见术语

（一）封闭式基金

封闭式基金是采用封闭式运作方式的基金，是指经核准的基金份额总额在基金合同期限内固定不变，基金份额可以在依法设立的证券交易场所交易，但基金份额持有人不得申请赎回的基金。

（二）开放式基金

开放式基金是采用开放式运作方式的基金，是指基金份额总额不固定，基金份额可以在基金合同约定的时间和场所申购或者赎回的基金。

（三）认购

认购是指投资者在开放式基金成立之前的基金募集期内购买基金单位的行为。

（四）申购

申购是指投资者在开放式基金成立后的基金申购期内自愿购买一定数量开放式基金单位的行为，申购价格为基金单位净值加一定比例的手续费。

（五）赎回

赎回是指投资者自愿赎回一定数量开放式基金单位的行为，赎回价格为基金单位净值减一定比例的手续费。

（六）基金资产净值

基金资产净值是指基金资产总值减去按照国家有关规定可在基金资产中扣除费用后的价值。

（七）基金单位净值

基金单位净值是指计算日基金资产净值除以计算日基金单位总数后的价值。

（八）基金收益

基金收益是指基金投资所得红利、股息、债券利息、买卖证券价差、存款利息及其他收入之和。

（九）基金定投

定期、定额投资基金是基金申购业务的一种方式，投资者可通过基金的销售机构提交申请，约定每期的扣款时间、扣款金额及扣款方式，由销售机构于约定扣款日，在投资者指定的资金账户内自动完成扣款及基金申购。

第四章　期货

期货是指交易所统一制定的、规定在将来某一特定的时间和地点交割一定数量标的物的标准化合约。期货合约的主要条款包括合约名称、交易品种、交易单位、报价单位、最小变动价位、涨跌停板幅度、合约月份、交易时间、最后交易日、交割日期、交割品级、交割地点、最低交易保证金、交割方式、交易代码、上市机构等。期货交易是指在交易所采用公开的集中交易方式或者中国证监会批准的其他方式进行的以期货合约或者期权合约为交易标的的交易活动。

第一节　期货交易实验基础

一、期货开户

（一）期货开户的条件

（1）符合国家法律法规和政策规定的入市交易资格（必须为中华人民共和国国籍，港、澳、台同胞暂时无法交易国内期货）。

（2）有从事交易必需的资金或资产（交易股指期货的最低入市资金为 50 万元，交易商品期货的最低开户资金为 1 万元）。

(3) 开户人和交易执行人须年满 18 岁且具有完全民事行为能力。

(二) 期货开户须提供的证件或资料

1. 自然人开户（普通投资者）

自然人开户须提供本人身份证原件以及银行卡，开户人本人必须现场开户。

2. 法人开户（机构投资者）

法人开户须提供开户单位的营业执照副本，法定代表人、指令下达人、资金调拨人的身份证以及税务登记证。

(三) 期货开户的详细流程

期货交易规则要求交易参与者在决定参与交易的时候，必须首先履行开立交易账户的手续。开立账户实质上是投资者（委托人）与期货经纪公司（代理人）之间建立的一种法律关系。一般来说，各期货经纪公司为客户开设账户的程序及所需的文件不尽相同，但基本程序及方法大致相同。

1. 风险揭示

客户委托期货经纪公司从事期货交易必须事先在期货经纪公司办理开户登记。

期货经纪公司在接受客户开户申请时，必须向客户提供期货交易风险说明书。个人客户应在仔细阅读并理解后，在期货交易风险说明书上签字；单位客户应在仔细阅读并理解后，由单位法定代表人在期货交易风险说明书上签字并加盖单位公章。期货开户流程图如图 4-1 所示。

2. 签署合同

期货经纪公司在接受客户开户申请时，双方须签署期货经纪合同。个人客户应在该合同上签字，单位客户应由法定代表人在该合同上签字并加盖公章。

个人开户应提供本人身份证、留存印鉴或签名样卡。单位开户应提供营业执照复印件，并提供法定代表人及本单位期货交易业务执行人的姓名、联系电话、单位及其法定代表人或单位负责人印鉴等内容的书面材料及法定代表人授权期货交易业务执行人的书面授权书。

交易所实行客户交易编码登记备案制度，客户开户时应由期货经纪公司按交易所统一的编码规则进行编号，一户一码，专码专用，不得混码交易。期货经纪公司注销客户的交易编码前，应向交易所备案。

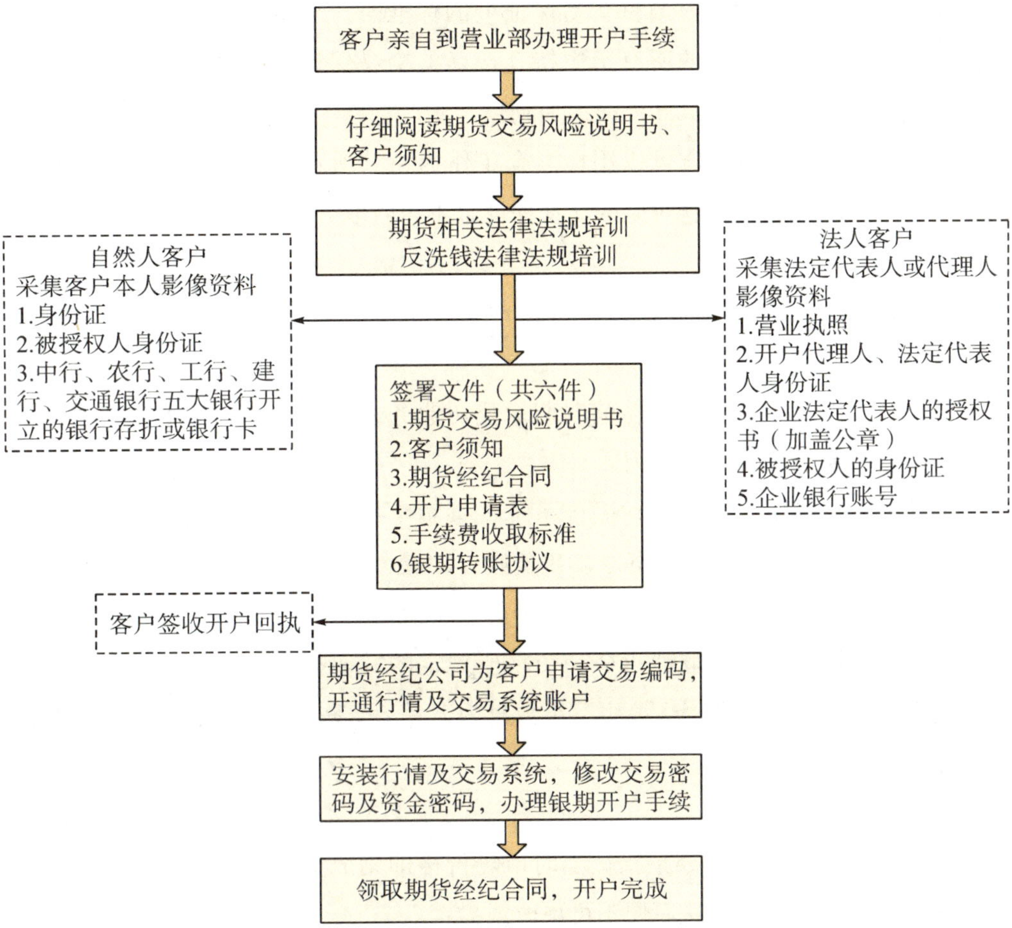

图 4-1　期货开户流程图

3. 保证金制度

客户在期货经纪公司签署期货经纪合同之后，应按规定缴纳开户保证金。期货经纪公司应将客户所缴纳的保证金存入期货经纪合同指定的客户账户中，供客户进行期货交易。期货经纪公司向客户收取的保证金，属于客户所有。

当买卖双方成交后，交易所按持仓合约价值的一定比率收取交易保证金，交易保证金最低收取标准在期货合约中规定，交易所根据某一期货合约上市运行的不同阶段和持仓的不同数量（即从该合约新上市挂牌之日起至最后交易日止）制定不同的交易保证金收取标准，具体以上海期货交易所最新通知为准。

当某一期货合约达到应该调整交易保证金的标准时，交易所应当在新标准执行前一交易日的结算时对该合约的所有历史持仓按新的交易保证金标准进行结算，保证金不足的，应当在下一个交易日开市前追加到位。

在进入交割月份后，卖方可以用标准仓单作为与其所示数量相同的交割月份期货合约持仓的履约保证，其持仓对应的交易保证金不再收取。

二、交易下单

交易下单是指客户在每笔交易前向期货公司业务人员下达交易指令，说明拟买卖合约的种类、数量、价格等的行为。

交易价格是交易所计算机自动撮合系统将买卖申报指令以价格优先、时间优先的原则进行排序，当买入价大于、等于卖出价则自动撮合成交形成的价格。撮合成交价等于买入价、卖出价和前一成交价三者中居中的一个价格。

交易指令分限价指令、取消指令和交易所规定的其他指令。限价指令每次最大下单数量为500手，交易指令每次最小下单数量为1手，交易指令的报价只能在价格波动限制之内。

1. 常用交易指令

（1）市价指令。市价指令是指按当时市场价格即刻成交的指令。这种指令的特点是成交速度快，指令一旦下达后便不可更改或撤销。

（2）限价指令。限价指令是指执行时必须按限定价格或更好的价格成交的指令。下达限价指令时，客户必须指明具体的价位。它的特点是可以按客户的预期价格成交，但成交速度相对较慢，有时甚至无法成交。

（3）止损指令。止损指令是指市场价格达到客户预先设定的触发价格时，即变为市价指令予以执行的一种指令。客户利用止损指令，既可以有效地锁定利润，又可以将可能的损失降至最低限度，还可以用相对较小的风险建立新的头寸。

（4）停止限价指令。停止限价指令是指市场价格达到客户预先设定的触发价格时，即变为限价指令予以执行的一种指令。它的特点是可以将损失或利润锁定在预期的范围，但成交速度较止损指令慢，有时甚至无法成交。

（5）触价指令。触价指令是指市场价格达到客户指定价位时，以市价指令予以执行的一种指令。

（6）限时指令。限时指令是指要求在某一段时间内执行的指令。如果在该时间段内指令未被执行则自动取消。

（7）长效指令。长效指令是指除非成交或由委托人取消，否则持续有效的交易套利指令。

（8）套利指令。套利指令是指同时买入和卖出两种或两种以上期货合约的指令。

（9）取消指令。取消指令又称为撤单，是指客户要求将某一指令取消的指令。客户通过执行该指令，将以前下达的指令完全取消，并且没有使用新的指令取代原指令。

期货经纪公司对其代理客户的所有指令，必须通过交易所集中撮合交易，不得私下对冲，不得向客户做获利保证或者与客户分享收益。

2. 指令下达方式

（1）书面下单。客户填写书面交易指令单，填好后签字交期货公司，再由期货公司将指令发至交易所参与交易。

（2）电话下单。期货公司将客户的指令同步录音，以备查证。

（3）互联网下单。期货公司应当对互联网交易风险进行特别提示；须将客户的指令以适当方式保存，以备查证。目前通过互联网下单是我国期货客户最主要的下单方式。

三、期货结算

（一）基本概念

结算是指根据交易结果和交易所有关规定对会员保证金、盈亏、手续费、交割货款及其他有关款项进行计算、划拨的业务活动。期货交易的结算，由交易所统一组织进行。交易所的结算实行保证金制度、当日无负债结算制度和风险准备金制度等。

（二）结算规则

（1）交易所在各存管银行开设一个专用的结算账户，用于存放会员的保证金及相关款项。会员应当在存管银行开设专用资金账户，用于存放保证金及相关款项。交易所与会员之间期货业务资金的往来通过交易所专用结算账户和会员专用资金账户办理。

（2）交易所对会员存入交易所专用结算账户的保证金实行分账管理，为每一位会员设立明细账户，按日序时登记核算每一会员的出入金、盈亏、交易保证金、手续费等。期货公司会员对客户存入会员专用资金账户的保证金实行分账管理，为每一客户设立明细账户，按日序时登记核算每一客户出入金、盈亏、交易保证金、手续费等。

（3）交易所实行保证金制度。保证金分为结算准备金和交易保证金。结算准备金是指会员为了交易结算在交易所专用结算账户中预先准备的资金，是未被合约占用的保证金。交易保证金是指会员存入交易所专用结算账户中确保合约履行的资金，是已被合约占用的保证金。

（4）交易所实行当日无负债结算制度。当日无负债结算制度是指每日交易结束后，交易所按当日结算价结算所有合约的盈亏、交易保证金及手续费、税金等费用，对应收应付的款项实行净额一次划转，相应增加或减少会员的结算准备金。

（5）当每日收盘结束，若结算后的结算准备金小于最低余额，会员必须于下一交易日开市前将资金补足至结算准备金最低余额。未及时补足的，若结算准备金余额大于零而低于结算准备金最低余额，则禁止开新仓；若结算准备金余额小于零，则交易所将按有关风险控制管理规定执行“强行平仓”。

（三）结算程序

1. 交易所对会员的结算

交易所对会员结算的主要程序如下：

（1）每一个交易日交易结束后，交易所对每一个会员的盈亏、交易手续费、交易保证金等款项进行结算。

（2）会员每天应及时获取交易所提供的结算数据，做好核对工作，并将之妥善保存。该结算数据应至少保存 2 年，但有争议的期货交易结算数据，应当保存至该争议消除时为止。

（3）会员如对结算结果有异议，应在下一交易日开市前 30 分钟内以书面形式通知交易所。如遇特殊情况，会员可在下一交易日开市后 2 小时内以书面形式通知交易所。如在规定时间内会员没有对结算数据提出异议，则视作会员已认可结算数据的准确性。

（4）交易所在交易结算完成后，将会员资金的划转数据传递给有关结算银行。结算银行应及时将划账结果反馈给交易所。

（5）会员资金按当日盈亏进行划转，当日盈利划入会员结算准备金，当日亏损从会员结算准备金中扣划。手续费、税金等各项费用从会员的结算准备金中直接扣划。

（6）每日结算完毕后，会员的结算准备金低于交易所规定的结算准备金最低余额时，该结算结果即视为交易所向会员发出的追加保证金通知。会员必须在下一交易日开市前补足至交易所规定的结算准备金最低余额。

2. 期货公司对客户的结算

期货公司对客户结算的具体程序如下：

（1）期货经纪公司对客户的结算与交易所的方法一样，即每一交易日交易结束后对每一位客户的盈亏、交易手续费、交易保证金等款项进行结算。交易手续费一般不低于期货合约规定的交易手续费标准的 3 倍，交易保证金一般高于交易所收取的交易保证金至少 3 个百分点。

（2）期货经纪公司在闭市后向客户发出交易结算单。

（3）每日结算后，客户保证金低于期货交易所规定的交易保证金水平时，期货经纪公司按照期货经纪合同约定的方式通知客户追加保证金，客户不能按时追加保证金的，期货经纪公司应当将该客户部分或全部持仓强行平仓，直至保证金余额能够维持其剩余头寸。

四、期货交割

（一）基本概念

交割是指期货合约到期时，按照期货交易所的规则和程序，交易双方通过该合约所载标的物所有权的转移，或者按照结算价进行现金差价结算，了结到期未平仓合约的过程。

（二）交割分类

1. 实物交割

实物交割是指期货合约到期时，交易双方通过该期货合约所载商品所有权的转移，了结到期未平仓合约的过程。在合约最后交易日后，所有未平仓合约的持有者应当以实物交割方式履约。客户的实物交割应当由会员办理，并以会员名义在交易所进行。不能交付或者接收增值税专用发票的客户不允许交割。一般来说，商品期货以实物交割的方式为主。

2. 现金交割

按结算价进行现金差价结算的交割方式为现金交割。一般来说，股票指数期货、短期利率期货多采用现金交割的方式。

（三）实物交割程序

在期货市场上，实物交割是促使期货价格和现货价格趋向一致的制度保证。商品期货交易一般采用实物交割制度。通过实物交割，期货、现货两个市场得以实现相互联动，期货价格最终与现货价格趋于一致，使期货市场真正发挥了价格晴雨表的作用。实物交割程序如下：

1. 第一交割日

买方申报意向。买方在第一交割日内向交易所提交所需商品的意向书，内容包括品种、牌号、数量及指定交割仓库名等。

卖方交标准仓单。卖方在第一交割日内将已付清仓储费用的有效标准仓单提交交易所。

2. 第二交割日

交易所分配标准仓单。交易所在第二交割日根据已有资源，按照“时间优先、数量取整、就近配对、统筹安排”的原则，向买方分配标准仓单。

对于不能用于下一期货合约交割的标准仓单，交易所按其占当月交割总量的比例向买方分摊。

3. 第三交割日

买方交款、取单。买方必须在第三交割日 14:00 前到交易所交付货款并取得标准仓单。

卖方收款。交易所应当在第三交割日 16:00 前将货款付给卖方，如遇特殊情况，交易所可以延长交割货款给付时间。交易所在第三交割日 16:00 前将货款付给卖方。

4. 第四、五交割日

卖方提交增值税专用发票。

（四）交割违约的处理

对买方而言，交割违约是指在规定交割期限内未解付货款或解付不足；对卖方而言，交割违约是指在规定交割期限内未交付有效标准仓单及相应的票据。

如果买方违约，交易所会代替买方履约，将接下的实物在市场上采取竞卖的方式

卖 掉。违约的买方不仅要承担全部损失和费用，还需支付高额的违约金及接受其他处罚。同样，如果卖方违约，交易所将在市场上采用征购方式购买合格的实物。违约的卖方 不仅要承担全部损失和费用，还需支付高额的违约金及接受其他处罚。

1. 交割违约的认定

期货合约的买卖双方有下列行为之一的，构成交割违约：

（1）在规定交割期限内卖方未交付有效标准仓单的。

（2）在规定交割期限内买方未解付货款或解付不足的。

2. 交割违约的处理

会员在期货合约实物交割中发生违约行为，交易所应先代为履约。交易所可采用征购和竞卖的方式处理违约事宜，违约会员应负责承担由此引起的损失和费用。交易所对违约会员还可处以支付违约金、赔偿金等处罚。

第二节 常见规则和术语

一、交易制度

（一）保证金制度

1. 定义

保证金制度（margin system），也称押金制度，指清算所规定的达成期货交易的买方或卖方应缴纳履约保证金的制度。在期货交易中，任何交易者必须先按照其所买卖期货合约价格的一定比例（通常为5%~10%）缴纳资金，作为其履行期货合约的财力担保，然后才能参与期货合约的买卖，并视价格确定是否追加资金，这种制度就是保证金制度，所缴纳的资金就是保证金。

2. 特点

（1）对期货合约上市运行的不同阶段规定不同的交易保证金比例。一般来说，交易保证金比例随着交割期的临近而提高。

（2）随着合约持仓量的增大，交易所将逐步提高该合约的交易保证金比例。

（3）当某期货合约出现连续跌停时，交易保证金比例相应提高。

（4）当某品种、某月份的合约按结算价计算的价格在连续若干个交易日的累积涨幅达到一定程度时，交易所有权根据市场情况，对部分或全部会员的单边或双边持仓，按同比例或不同比例提高交易保证金水平，限制部分或全部会员划出资金、暂停部分或全部会员增开新仓，调整涨跌停板幅度，采取限期平仓或强行平仓等一种或多种措施，以控制风险。

（5）当某期货合约交易出现异常情况时，交易所可按规定的程序调整交易保证金的比例。我国期货交易者缴纳的保证金可以是现金，也可以是现金等价物，如价值稳定、流动性强的标准仓单或者国债等有价证券。

（二）当日无负债结算制度

1. 定义

当日无负债结算制度是指在每个交易日结束后，由期货结算机构对期货交易保证金账户当天的盈亏状况进行结算，并根据结算结果进行资金划转。当交易发生亏损，进而导致保证金账户资金不足时，期货交易者必须在结算机构规定的时间内向账户中追加保证金，以做到当日无负债。

2. 特点

（1）交易所对所有账户的交易及头寸按不同品种、不同月份的合约分别进行结算，在此基础上汇总，使每一交易账户的盈亏都能得到及时、具体、真实的反映。

（2）交易所在对交易盈亏进行结算时，不仅对平仓头寸的盈亏进行结算，而且对未平仓合约产生的浮动盈亏也进行结算。

（3）对交易头寸所占用的保证金进行逐日结算。

（4）当日无负债结算制度是通过期货交易分级结算体系实施的。期货交易所（结算所）对会员进行结算，期货公司根据期货交易所（结算所）的结算结果对客户进行结算。期货交易所会员（客户）的保证金不足时，会被要求及时追加保证金或者自行平仓；否则，其合约将会被强行平仓。

（三）涨跌停制度

1. 定义

涨跌停板制度又称每日价格最大波动限制制度，是指期货合约在一个交易日内的交易价格波动不得高于或者低于规定的涨跌幅度，超过该涨跌幅度的报价将被视为无效报价，不能成交。

2. 特点

我国境内期货涨跌停板制度的特点如下：

（1）一般而言，对期货价格波动幅度较大的品种及合约设定的涨跌停幅度相应较大。

（2）交易所可以根据市场风险状况调整涨跌停幅度，调整特点包括：

①对于新上市的品种和新上市的期货合约，其涨跌停板幅度一般为合约规定涨跌停板幅度的 2 倍或 3 倍。

②在某一期货合约的交易过程中，当合约价格同方向连续涨跌停板、遇国家法定节假日，或交易所认为市场风险明显变化时，交易所可根据市场风险调整其涨跌停板幅度。

③对同时适用交易所规定的两种或两种以上涨跌停板情形的，其涨跌停板按规定涨跌停板中的最高值确定。

3. 风险控制措施

在出现涨跌停板情形时，交易所一般将采取以下风险控制措施：

（1）当某期货合约以涨跌停板价格成交时，成交撮合实行平仓优先和时间优先的原 则，但平仓当日新开仓位不适用平仓优先的原则。

（2）在某合约连续出现涨跌停板单边无连续报价时，实行强制减仓。

（四）持仓限额制度及大户报告制度

1. 定义

（1）持仓限额制度是指交易所规定会员或客户可以持有的、按单边计算的某一合约投机头寸的最大数额。

（2）大户报告制度是指当交易所会员或客户某品种、某合约持仓达到交易所规定的持仓报告标准时，会员或客户应向交易所报告。

2. 特点

我国商品期货市场的特点如下：

（1）交易所可根据不同期货品种的具体情况，分别确定每一品种每一月份的持仓限额及大户报告标准。

（2）投机头寸持仓达到交易所限量的80%以上时，应向交易所报告。

（3）一般按照各合约在交易全过程中所处的不同时期，分别确定不同的持仓限额。

（4）期货公司会员、非期货公司会员、一般客户分别适用不同的大户限额及持仓报告标准。

我国金融期货交易的市场特点如下：

（1）我国金融期货交易所对套期保值和套利交易的持仓均不做限制。

（2）同一客户在不同期货公司开仓交易，则其在某一合约的持仓合计不得超出该客户的持仓限额。

（五）强行平仓制度

强行平仓是指按照有关规定对会员或客户的持仓实行平仓的一种强制措施，其目的是控制期货交易风险。

（六）类别

（1）交易所对会员持仓实行的强行平仓。

（2）期货公司对其客户持仓实行的强行平仓。

（七）适用的情形

（1）因账户交易保证金不足而实行强行平仓，这是最常见的情形。强行平仓制度的实施，有利于会员（客户）避免账户损失扩大，交易所通过控制个别账户的风险，可有力地防止风险扩散，是一种行之有效的风险控制措施。

（2）因会员（客户）违反持仓限额制度而实行强行平仓制度，即会员（客户）的持仓超过了规定的持仓限额，且未在期货交易所（期货公司）规定的期限内自行减仓，其超出持仓限额的部分头寸将会被强行平仓。强行平仓制度成为持仓限额制度的有力补充。

二、常用术语

（1）合约名称。合约名称注明了该合约的品种名称及其上市交易所名称。例如，上海期货交易所铜合约，合约名称为“上海期货交易所阴极铜期货合约”。

（2）交易单位。交易单位是指在期货交易所交易的每手期货合约代表的标的物的数量。

（3）合约价值。合约价值是指每手期货合约代表的标的物的价值。对于商品期货来说，确定期货合约交易单位的大小，主要应当考虑的因素有合约标的物的市场规模、交易者的资金规模、期货交易所的会员结构和该商品的现货交易习惯等。一般来说，某种商品的市场规模较大，交易者的资金规模较大，期货交易所中愿意参与该期货交易的会员单位较多，则该合约的交易单位就可以设计得大一些；反之则可以设计得小一些。

（4）报价单位。报价单位是指在公开竞价过程中对期货合约报价所使用的单位，即每计量单位的货币价格。

（5）最小变动价位。最小变动价位是指在期货交易所的公开竞价过程中，对合约每计量单位报价的最小变动数。在期货交易中，每次报价的最小变动数值必须是最小变动价位的整数倍。

（6）每日价格最大波动限制。每日价格最大波动限制规定期货合约在一个交易日中的交易价格波动不得高于或者低于规定的涨跌幅度。每日价格最大波动限制一般是合约中上一交易日结算价的一定幅度。我国期货市场上的每日价格最大波动限制以合约上一交易日结算价的一定百分比来设定。期货合约上一交易日的结算价加上允许的最大涨幅构成当日价格上涨的上限，称为涨停板。期货合约上一交易日的结算价减去允许的最大跌幅则构成当日价格下跌的下限，称为跌停板。

（7）合约交割月份。合约交割月份是指某期货合约到期交割的月份。商品期货合约交割月份的确定一般受该合约标的商品的生产、使用、储藏、流通等方面的特点影响。

（8）交易时间。期货合约的交易时间由期货交易所统一规定。交易者只能在规定的交易时间内进行交易。日盘交易时间一般分上午和下午进行，每周 5 天。此外，我国期货交易所还对部分品种开展夜盘交易，形成了期货合约的连续交易。

（9）最后交易日。最后交易日是指某种期货合约在合约交割月份中进行交易的最后截止日。合约的最后交易日必须按规定进行实物交割或现金交割。期货交易所根据不同期货合约标的物的现货交易特点等因素确定其最后交易日。

（10）交割日期。交割日期是指合约标的物所有权转移，以实物交割或现金交割方式了结未平仓合约的时间。

（11）交割等级。交割等级是指由期货交易所统一规定的、允许在交易所上市交易的合约标的物的质量等级。在进行期货交易时，交易双方无须对标的物的质量等级进行协商，发生实物交割时按交易所期货合约规定的质量等级进行交割。

（12）交割地点。交割地点是由期货交易所统一规定的进行实物交割的指定地点。金融期货交易不需要指定交割仓库，但期货交易所会指定交割银行。

（12）交易手续费。交易手续费是期货交易所按成交合约金额的一定比例或按成交合约手数收取的费用。交易手续费的高低对市场流动性和成交量有一定影响，交易手续费过高会增加期货市场的交易成本，扩大无套利区间，降低市场的交易量，不利于市场的活跃，但却可起到抑制过度投机的作用。

（13）交易代码。例如，中国金融期货交易所沪深 300 股指期货的交易代码为 IF；郑州商品交易所白糖期货的交易代码为 SR；大连商品交易所豆油期货的交易代码为 Y；上海期货交易所铜期货的交易代码为 CU。

第五章　期权

第一节　期权交易实验基础

期权交易或买卖的对象是期权合约，买方支付期权费获得期权。在规定的行权期限内，买方可以行使权利买进或卖出标的资产。所以，期权交易是针对某种具体权利而言的，即买权或卖权的买卖。买方有权执行期权，也可放弃行权，因此期权也称为选择权。

卖方获得期权费后便拥有了相应义务，当买方选择行权时，卖方必须履约。如果在到期日买方没有行权，则期权作废，买卖双方权利义务随之解除。如果是交易所期权，在期权最后交易日收盘之前，买卖双方也可以将期权对冲平仓。

期权交易近年来也受到国内投资者的关注，我国证券交易所也在积极推动部分业务有序开展。如深交所以习近平新时代中国特色社会主义思想为指引，树牢“四个意识”，坚定“四个自信”，坚决做到“两个维护”，坚定不移深化改革、扩大开放，把握好改革发展窗口期、机遇期，加大各方面工作投入力度，全力推进 ETF 期权业务平稳落地。

一、期权交易流程

（一）期权交易指令

期权交易指令主要包括开仓或平仓、买进或卖出、执行价格、合约月份、交易代码、看涨期权或看跌期权、合约数量、权利金、指令种类。

交易所对期权合约提供限价指令、取消指令及交易所规定的其他指令。限价指令可以附加立即全部成交否则自动撤销（FOK）和立即成交剩余指令自动撤销（FAK）两种指令属性。

当某客户发出交易指令，买进或卖出一份期权合约，经纪公司接受指令，并将其传送到交易所。交易时，很重要的一点是选择执行价格。选择执行价格的一个重要因素是交易者对后市的判断。对于买进看涨期权来说，执行价格越高，越预期看涨。对于买进看跌期权来说，执行价格越低，越预期看跌。

（二）期权询价

询价应满足如下条件：

（1）黄金期权询价功能适用范围为偶数月份期权合约；其他期权品种询价功能适用范围为全部月份期权合约；

（2）询价请求应当指明期权合约代码，无须输入买卖方向和手数；

（3）同一期权合约的询价时间间隔不应低于 60 秒；

（4）期权合约集合竞价期间，不接受询价；

（5）期权合约达到涨跌停板价格时，不接受询价；

（6）期权合约最优买卖价差小于等于交易所规定的最大买卖价差，不接受询价。交易所规定的最大买卖价差可在交易所官网通知中查询。

期货公司应当对客户进行有效管理，不接受客户的频繁询价。

（三）下单与成交

（1）交易者向其经纪公司发出下单指令，说明要求买进或卖出的期权数量、看涨期权或看跌期权以及期权的执行价格、到期月份、交易指令种类、开仓或平仓等。

（2）交易指令通过计算机按照成交原则撮合成交。期权费的竞价原则与期货合约的竞价原则相同，即“价格优先、时间优先”。计算机撮合系统首先按照竞价原则对买入和卖出指令进行排序，当买入价大于等于卖出价则自动撮合成交，撮合成交价等于买入价、卖出价和前一成交价三者中居中的一个价格。

（3）会员经纪公司将成交回报告知交易者。

（四）了结方式

期权合约的了结方式包括平仓、行权和放弃。

（1）平仓是指买入或者卖出与所持期权合约的数量、标的期货合约、月份、到期日、类型和行权价格相同但交易方向相反的期权合约，是了结期权合约的方式。

①对冲平仓方法。期权的对冲平仓方法与期货的对冲平仓方法基本相同，都是将先前买进（卖出）的合约卖出（买进）。只不过，期权的报价是权利金。

如果买进看涨期权，那么卖出同执行价格、同到期日的看涨期权对冲平仓。如果卖出看涨期权，那么买进同执行价格、同到期日的看涨期权对冲平仓。如果买进看跌期权，那么卖出同执行价格、同到期日的看跌期权对冲平仓。如果卖出看跌期权，那么买进同执行价格、同到期日的看跌期权对冲平仓。

例如，某客户以 20 元/吨买进 10 手 3 月到期、执行价格为 1 200 元/吨的小麦看涨期权。如果小麦期货价格上涨到 1 250 元/吨，那么权利金也上涨，如上涨到 30 元/手，那么该客户发出如下指令：以 30 元/吨卖出（平仓）10 手 3 月到期、执行价格为 1 200 元/吨的小麦看涨期权。

②平仓盈亏计算。期权的平仓盈亏与期货的平仓盈亏类似，是买卖期权的权利金差价。卖出价减去买入价只要是正数就赚钱，是负数就亏钱，是零就不盈不亏（不考虑交易手续费）。比如，买进时权利金是 20 元/吨（不管是买权还是卖权），卖出平仓时是 30 元/吨，则赚取 10 元/吨。

（2）行权是指期权买方按照规定行使权利，以行权价格买入或者卖出标的期货合约，了结期权合约的方式。

（3）放弃是指期权合约到期，买方不行使权利以了结期权合约的方式。

（五）执行与履约

期权的买方（客户通过其开户的期货经纪公司）在合约规定的有效期限内的任意交易日闭市前均可通过交易下单系统下达执行期权指令，交易所按照持仓时间最长原则指派并通知期权卖方（客户由其开户的期货经纪公司通知），期权买卖双方的期权部位在当日收市后转换为期货部位。

对于买进看涨期权，按照执行价格获得多头期货部位；对于卖出看涨期权，按照执行价格，卖方被指派获得空头期货部位。

对于买进看跌期权，按照执行价格获得空头期货部位；对于卖出看跌期权，按照执行价格，卖方被指派获得多头期货部位。

（六）期权到期

如果期权到期时，投资者没有对冲平仓，也没有提出执行，在当日结算时，投资者的期权持仓就会被自动了结。按照惯例，在期权到期时，实值期权会被自动执行。因此，买方放任到期的期权一般为虚值期权。根据需要，期权买方可以不执行期权，让期权到期。而期权卖方除对冲平仓和应买方要求履约外，只能等待期权到期。随着到期日的临近，期权的时间价值呈加速衰减的趋势。在到期日，期权的时间价值为0。因此，时间是期权卖方的“朋友”，是期权买方的“敌人”。对于期权的买方，其应尽量避免看对了方向、看错了时间，即当期货价格向有利方向变动时，期权已经到期了。

二、行权业务要点

（一）客户行权履约途径

客户的行权与履约应当通过期货公司会员，并以期货公司会员的名义在交易所办理。

（二）行权履约时间

在交易所规定的时间内，期权买方可以提出行权申请或放弃申请。期权卖方有履约义务，期权买方提出行权时，期权卖方应当按照合约规定的行权价格买入或者卖出一定数量的标的期货合约。交易所可以对到期日行权申请和放弃申请的时间进行调整。

（三）行权配对原则

在提交行权申请时间截止后，交易所按照随机均匀抽取原则进行行权配对。

（四）行权履约后期货头寸的建立

看涨期权行权与履约后，买方按行权价格获得标的期货买持仓，卖方按同一行权价格获得标的期货卖持仓。看跌期权行权与履约后，买方按行权价格获得标的期货卖持仓，卖方按同一行权价格获得标的期货买持仓。

（五）自动行权

到期日结算前，对未在规定时间内提交行权或放弃申请的期权持仓，交易所进行如下处理：

（1）行权价格小于当日标的期货合约结算价的看涨期权持仓自动行权；

（2）行权价格大于当日标的期货合约结算价的看跌期权持仓自动行权；

（3）其他期权持仓视作自动放弃。

（六）自对冲

非期货公司会员和客户可以申请对其同一交易编码下的双向期权持仓进行对冲平仓。对冲结果从当日期权持仓量中扣除，并计入成交量。期权买方既可以申请对其同一交易编码下行权获得的双向期货持仓进行对冲平仓，也可以申请对其同一交易编码下行权获得的期货持仓与期货市场原有持仓进行对冲平仓，对冲数量不超过行权获得的期货持仓量。对冲结果从当日期货持仓量中扣除，并计入成交量。

期权卖方既可以申请对其同一交易编码下履约获得的双向期货持仓进行对冲平仓，也可以申请对其同一交易编码下履约获得的期货持仓与期货市场原有持仓进行对冲平仓，对冲数量不超过履约获得的期货持仓量。对冲结果从当日期货持仓量中扣除，并计入成交量。

（七）行权资金要求

期权买方行权时，其资金余额应当满足期货交易保证金要求。买方客户资金不足的，会员不得接受其行权申请。到期日结算前，对未在规定时间内提交行权或放弃申请的期权持仓，交易所进行如下处理：

（1）行权价格小于当日标的期货合约结算价的看涨期权持仓自动行权；

（2）行权价格大于当日标的期货合约结算价的看跌期权持仓自动行权；

（3）其他期权持仓视作自动放弃。

三、结算业务要点

（一）权利金与保证金的支付

期权交易买方支付权利金，不交纳交易保证金；期权交易卖方收取权利金，交纳交易保证金。

期权买方开仓时，按照开仓成交价支付权利金；期权买方平仓时，按照平仓成交价收取权利金。

期权卖方开仓时，按照开仓成交价收取权利金；期权卖方平仓时，按照平仓成交价支付权利金。期权卖方开仓时，交易所按照上一交易日结算时该期权合约保证金标准收取期权卖方交易保证金；期权卖方平仓时，交易所释放期权卖方所平期权合约的交易保证金。

（二）保证金、手续费收取

交易所在结算时，按期权、期货合约当日结算价计收期权卖方的交易保证金，根据成交量和行权量（履约量）计收买卖双方的交易手续费和行权（履约）手续费，并对应收应付款项实行净额一次划转，相应增加或减少会员的结算准备金。手续费标准由交易所确定并公布，交易所可以根据市场情况对手续费标准进行调整。

（三）期权合约结算价的确定方法

（1）除最后交易日外，交易所根据隐含波动率确定各期权合约的理论价作为当日结算价。

（2）最后交易日，期权合约结算价计算公式为

看涨期权结算价=Max（标的期货合约结算价-行权价格，最小变动价位）；看跌期权结算价=Max（行权价格-标的期货合约结算价，最小变动价位）。

（3）期权价格出现明显不合理时，交易所可以调整期权合约结算价。隐含波动率是指根据期权市场价格，利用期权定价模型计算的标的期货合约价格波动率。

对于行权或放弃的，交易所于结算时减少各自相应的期权合约持仓，同时释放期权卖方交易保证金。由期权行权（履约）转化的期货持仓不参与当日期货结算价计算。

第二节　常见规则和术语

一、交易规则

（一）期权交易时间

期权交易时间与标的期货交易时间一致，为上午 9:00—11:30、下午 1:30—3:00 和交易所规定的其他时间。

（二）权证买卖数量的规定

单笔申报数量不超过 100 万份，申报价格最小变动单位为 0.001 元人民币。权证买入申报数量为 100 份的整数倍，也就是说投资者每次申报买入的最少数量应为 100 份，或 100 份的整数倍。权证卖出申报数量没有限制。对于投资者持有的不到 100 份的权证，如 99 份权证也可以申报卖出。

（三）权证的交易佣金、费用

权证的交易佣金、费用等，参照在交易所上市交易的基金标准执行，具体为权证交易的佣金不超过交易金额的 0.3%，投资者行权时向登记公司按股票过户面值缴纳 0.05%的股票过户费，不缴纳行权佣金。交易金额较大的客户可以跟相关证券营业部协商，适当降低交易佣金、费用。

（四）权证交易价格涨跌幅限制

与股票涨跌幅采取的 10%的比例限制不同，权证涨跌幅是以价格的涨跌幅而不是百分比来限制的。

权证涨跌幅价格具体按下列公式计算：

权证涨幅价格=权证前一日收盘价格 +（标的证券当日涨幅价 - 标的证券前一日收盘价）×125%×行权比例；

权证跌幅价格=权证前一日收盘价格 -（标的证券前一日收盘价 - 标的证券当日跌幅价格）×125%×行权比例。

当计算结果小于等于零时，权证跌幅价格为零。

（五）权证实行 T+0 交易

与股票交易当日买进、当日不得卖出不同，权证实行 T+0 交易，即当日买进的权证，当日可以卖出。

（六）行权方面需要注意的事项

权证行权具有时效性，如果投资者拿着价内的权证却错过了行权的时机，将最终无法行权。投资者如果确实无法亲自行权，必须事先到开户的证券公司办妥代为行权业务，以规避这一风险。需提醒投资者的是，按照两市规定，权证产品在到期日前五天内是不能交易的，因此还拿着如废纸般权证的投资者应尽早选择抛出，以免追悔莫及。

二、场内 50ETF 期权交易

（1）在交割日（TH），期权买方在提交行权前：看涨期权行权需要在期权账户中准备好能够以行权价购买上证 50ETF 的资金；看跌期权行权则需要在账户中准备足量能够卖出的上证 50ETF 现券。否则投资者是不能提交行权指令的。

（2）若卖出看涨期权与卖出看跌期权同时被行权，T+1 日两者张数可以对冲，只需履行差额义务。

（3）T 日结算后，可以确定期权卖方被指派张数。卖出看涨期权被行权，需在上证 50ETF 账户于 T+1 日收盘前有足量能够卖出的上证 50ETF 现券；卖出看跌被行权，需在期权账户于 T+1 日收盘前有以行权价购买上证 50ETF 的足额资金。

（4）若卖出看跌期权被行权，T+1 日交易所还会在期权账户冻结一部分行权保证金，使得 T+1 日期权账户实际可用资金减少，直到 T+1 日结算后资金才回归正常。

三、常见术语

（一）合约标的物

期权合约标的物是指期权合约买卖双方权利义务指向的对象。标的资产也称为标的物，也是期权合约的标的，是期权合约中约 定的、买方行使权利时所购买或出售的资产。期权的标的资产既可以是现货资产，也可以是期货资产；既可以是实物资产，也可以是金融资产或金融指标（股票价格指数）。

（二）期权价格

期权价格又称为权利金、期权费、保险费，是期权买方为获得按约定价格购买或出售标的资产的权利而支付给卖方的费用。

（三）合约类型

期权合约类型包括看涨期权和看跌期权。

看涨期权是指买方有权在将来某一时间以特定价格买入标的期货合约，而卖方需要履行相应义务的期权合约。

看跌期权是指买方有权在将来某一时间以特定价格卖出标的期货合约，而卖方需要履行相应义务的期权合约。

（四）合约交易单位

期权合约的交易单位为“手”，期权交易应当以“一手”的整数倍进行。

（五）报价单位

期权合约报价单位与标的期货合约报价单位相同。

（六）最小变动价位

最小变动价位是指该期权合约单位价格变动的最小值。

（七）涨跌停板幅度

期权合约涨跌停板幅度与标的期货合约涨跌停板幅度相同。涨跌停板幅度=标的期货合约上一交易日结算价×标的期货合约当日涨跌停板比例。

（八）合约月份

期权的合约月份是指该期权合约对应的标的期货合约的交割月份。

（九）最后交易日、到期日

最后交易日是指期权合约可以进行交易的最后一个交易日。到期日同最后交易日，期权买方可以在到期日行使权利。

（十）行权价格

行权价格是指由期权合约规定的，买方有权在将来某一时间买入或卖出标的期货合约的价格。行权价格间距是指相邻两个行权价格之间的差。交易所可以根据市场情况对行权价格间距和行权价格可覆盖的范围进行调整。

（十一）行权方式

行权方式分为美式、欧式以及交易所规定的其他方式。美式期权的买方在合约到期日及其之前任一交易日均可行使权利；欧式期权的买方只可在合约到期日当天行使权利。很明显，美式期权的买方“权利”相对较大，美式期权的卖方风险相应也较大。因此，在同样条件下，美式期权的价格相对较高。

（十二）交易代码

期权合约交易代码由标的期货合约交易代码、合约月份、看涨（跌）期权代码和行权价格组成。

第二篇

证券投资仿真实验的基本方法

本篇介绍了证券投资实践工作中常用的几种证券投资的分析方法。基本分析主要是根据对影响供需关系种种因素的分析来预测股价走势，而技术分析则是根据股价本身的变化来预测股价走势。技术分析的基本观点是：所有股票的实际供需量及其背后起引导作用的种种因素。

第六章　基本分析

证券投资的基本因素分析主要包括三部分内容：①宏观经济因素分析；②行业分析与区域分析；③公司基本面分析与财务分析。

第一节　宏观经济因素分析

一、宏观经济因素分析的概念

宏观经济因素，即宏观经济环境状况及其变动对证券市场价格的影响，包括宏观经济运行的周期性波动等规律性因素和政府实施的经济政策等政策性因素。

证券市场是整个市场体系的重要组成部分，上市公司是宏观经济运行微观基础中的重要主体，因此证券市场价格理所当然地会随宏观经济运行状况的变动而变动，会因宏观经济政策的调整而调整。一般来说，股票价格随国内生产总值的升降而涨落；证券市场行情随着宏观经济政策的扩张与紧缩及由此导致的市场资金量的增减而升跌。

宏观经济因素分析包括但不限于以下内容：①经济周期分析；②经济政策分析（包括财政政策和货币政策）；③政治因素分析；④市场利率分析；⑤汇率变化分析；⑥国际收支状况分析。本书主要针对经济周期分析、经济政策分析这两个宏观经济因素分析展开阐述。

二、经济周期分析

（一）经济周期的概念

理论研究和经济发展的实证均表明，由于受多种因素的影响，宏观经济的运行总是呈现出周期性变化。这种周期性变化表现在许多宏观经济统计数据的周期性波动上，如国内生产总值、消费总量、投资总量、工业生产指数、失业率等。由于 GDP 是最常见、综合性最强的衡量宏观经济的指标，因此宏观经济的周期性变化通常用 GDP 的系列统计数据来表示。

在对经济周期进行阶段划分时，主流的方法有二分法和四分法。二分法将经济周期划分为扩张期与紧缩期，四分法将经济周期划分为萧条、复苏、繁荣、衰退四个阶段，如图 6-1 所示。与四分法相比，二分法略显粗糙。因此，在经济周期划分时通常采用四分法，这与美林投资时钟的四分法刚好一致。四分法下，如果从 GDP 的下降开始算起，那么它首先经历 GDP 处于下降的衰退阶段，下降至最低点为萧条阶段，然后经过不断回升的复苏阶段，达到欣欣向荣的繁荣阶段，繁荣之中又孕育着衰退的再次来临。如此循环往复，周而复始，其中每四个阶段构成一个经济周期。

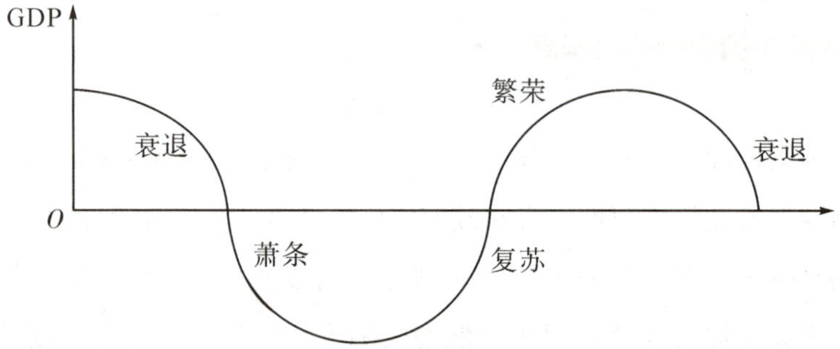

图 6-1　经济周期的四个阶段

（二）经济周期与股价波动的关系

经济周期的时间有长有短，形态也多种多样，可以说没有完全相同的经济周期。但从证券市场的情况来看，证券价格的变动大体上与经济周期一致。一般的规律是经济繁荣，证券价格上涨；经济衰退，证券价格下跌。股票作为一种具体证券，其价格的波动和经济周期也必然存在密切的联系。股票市场的波动，尤其是股票市场的长期波动，总是体现着经济周期变化的烙印。在某些时期，股市波动幅度会比经济波动幅度大，股票市场波谷或波峰出现的时间也比经济周期低谷或高涨时早。但从长期来看，股市波动的趋势与经济周期运行基本趋于一致。

经济周期之所以会引起股市周期性的必然波动，是因为股市波动的基础、股票投资价值的大小和变化与经济周期循环密切相关。当经济高涨时，市场需求会变得旺盛，从而刺激企业包括上市公司的生产，公司盈利水平增强，公司股票的投资价值就相应提高，股票价格上涨；当经济低迷时，市场需求衰退，企业包括上市公司将压缩生产，从而公司盈利的能力下降，公司股票的投资价值就会降低，股票价格下跌。这就出现了同一股票在股市波动的不同阶段，具有不同价格的现象。

当经济进入衰退阶段，股价会急剧下跌，股市收益率向低于利率的方向转化，于是，人们纷纷逃离股市，导致股市一路下跌。

当经济进入萧条阶段，股市变得非常混乱，股价动向不一，投资者仍然担心投资回报率减少，因此股价提前达到低谷。

当经济从低谷向复苏过渡时，一方面商品市场依然萧条，萧条时期人们压抑的需求会慢慢显现出来，未来的市场前景看好，投资者有了新的希望，企业就会积极地为新一轮的经济增长制订筹资计划。另一方面，央行为了刺激经济增长，会放松银根，降低利率。正是由于这些信息的存在，投资者对未来充满了信心，从而股票市场提前复苏，股价开始上涨。

当经济进入繁荣阶段，由于预期投资回报率增加，企业纷纷筹资扩大规模，利率开始提高，但因为预期仍然被看好，股票价格仍会上涨。到了扩张的中期，利率上升得更快，企业筹资成本变得更高，但由于人们依然对未来投资回报率预期充满信心，股价仍会上涨。但在扩张的末期，由于经济过热，银根会紧缩，利率也已经上升到一定程度，此时预期投资回报率不会上升，反而会由于成本上升引起公司收益相对减少而下降，因此，收缩开始之前，股价的涨势停止，股价先行下降。

经济周期的四个阶段如图 6-2 所示。

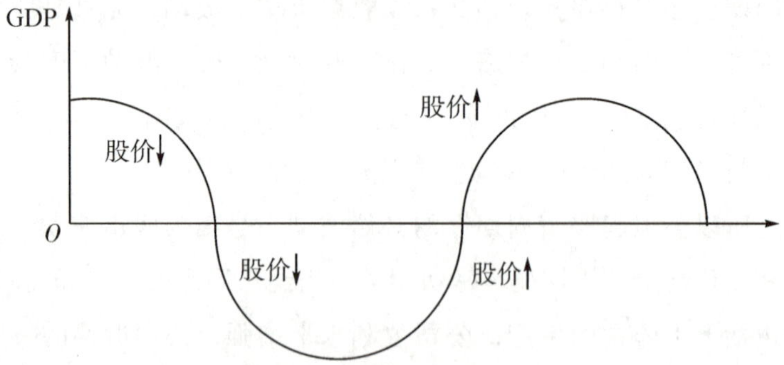

图 6-2　经济周期的四个阶段

虽然在人们预期心理和其他因素的共同作用下，宏观经济走势和证券市场反应可能会出现短暂的背离，表现出超前或滞后。但总的来说，二者的基本趋势是一致的。从长期来看，经济增长的速度会对股票指数产生重要的影响。较高的经济增长率和较低的通货膨胀率是支持股市稳定向上的基石。没有任何一个国家，在经济持续低迷的情况下，股票市场能实现持久的繁荣。但是，经济持续快速增长只是保证股市持续繁荣的一个必要条件，而非充分条件。股票价格指数能否保持持续向上的势头，还取决于其他因素，如财政政策、货币政策、政治因素、上市公司在总体经济中的代表性、市场上股票原先的价位等。

三、经济政策分析

（一）财政政策分析

财政政策是政府根据客观经济规律的要求，为达到一定的目的而制定的指导财政工作和处理财政关系的一系列方针、准则和措施的总称。财政政策具有透明度高、认识时滞短、决策时滞长、可控性高的优点。

财政政策目前通行的分类方法分为扩张性财政政策、紧缩性财政政策和中性财政政策。总的来说，扩张性财政政策刺激经济发展，股市未来走强；而紧缩性财政政策使过热的经济受到控制，股市即将走弱；中性的财政政策则对股市影响不甚明显。

具体来说，财政政策主要通过以下几方面来影响股票市场。

1. 政府固定资产投资

政府进行固定资产投资对整个经济具有拉动作用，这将有利于这些企业扩大生产规模，降低成本，增加利润。因此，扩张性财政政策包括政府增加固定资产投资对股票市场起着鼓励作用；相反，紧缩性财政政策包括政府减少固定资产投资对股票市场起着抑制作用。

2. 财政支出

扩张性财政政策扩大财政支出，将会扩大社会总需求，从而刺激投资，扩大就业。增加政府购买和公共支出，则市场对商品和劳务的总需求将会增加，刺激企业增加投入，提高产出水平，于是企业利润增加，经营风险降低，股票价格上升；相反，紧缩性财政政策减少财政支出，降低社会总需求，企业投资积极性减弱，经营风险增加，从而使得股票价格降低。

3. 税收政策

税收政策对股票市场的影响：减税对应扩张性财政政策，造成经济扩展，刺激证券市场；增税对应紧缩性财政政策，造成经济收缩，抑制证券市场。

（二）货币政策分析

在一般情况下，中央银行的货币政策工具有：法定存款准备金率、再贴现率、公开市场业务、商业银行的信贷规模控制、差别化的存款准备金率、基准利率控制等。

1. 扩张性货币政策

为了防止经济衰退，中央银行实行扩张性货币政策以刺激经济发展。扩张性货币政策有：降低法定存款准备金率、降低中央银行的再贴现率或在公开市场上买入国债来投放货币、降低社会融资成本、扩大社会的有效需求。

2. 紧缩性货币政策

当经济持续高涨、通货膨胀压力较大时，中央银行往往采用适当紧缩性货币政策来抑制经济的过热发展。紧缩性货币政策有：提高法定存款准备金率、提高中央银行的再贴现率、在公开市场上卖出国债以减少货币供应量、同时紧缩信用、提高社会融资成本、降低社会总需求。

第二节 行业分析

一、行业分析的概念和意义

行业分析的主要任务包括：①解释行业本身所处的发展阶段及其在国民经济中的地位；②分析影响行业发展的各种因素以及判断对行业影响的力度；③预测并引导行业的未来发展趋势；④判断行业投资价值，揭示行业投资风险。行业分析是对上市公司进行分析的前提，也是连接宏观经济分析和上市公司分析的桥梁，是基本分析的重要环节。行业分析和公司分析是相辅相成的。

1. 我国国民经济行业的分类

《国民经济行业分类》规定了全社会经济活动的分类与代码，适用于统计、计划、财政、工商、税收等国家管理活动。各类组织可以通过查阅标准了解本单位所属类别和代码，将其用于确定经营范围和前置审批项目、报送财税数据及统计核算等工作，如表 6-1 所示。

表 6-1　国民经济行业分类

门类	名称	门类	名称	门类	名称
A	农、林、牧、渔业	H	住宿和餐饮业	O	居民服务、修理和其他服务业
B	采矿业	I	电信、广播电视和卫星传输服务	P	教育
C	制造业	J	金融业	Q	卫生和社会工作
D	电力、热力、燃气及水生产和供应业	K	房地产业	R	文化、体育和娱乐业
E	建筑业	L	租赁和商务服务业	S	公共管理、社会保障和社会组织
F	批发业	M	科学研究和技术服务业	T	国际组织
G	交通运输、仓储和邮政业	N	水利、环境和公共设施管理业		

2. 中国证监会《上市公司行业分类指引》

《上市公司行业分类指引》（2012 年修订）由中国证券监督管理委员会公布，并于公布日 2012 年 10 月 26 日起实施。这种分类相对简单，只有两层：一级为 19 个门类，以英语字母为代码，如表 6-2 所示；二级为 90 个大类，以数字为代码。

表 6-2　证监会一级行业分类

A 农、林、牧、渔业	K 房地产业
B 采矿业	L 租赁和商务服务业
C 制造业	M 科学研究和技术服务业
D 电力、热力、燃气及水生产和供应业	N 水利、环境和公共设施管理业
E 建筑业	O 居民服务、修理和其他服务业
F 批发和零售业	P 教育
G 交通运输、仓储和邮政业	Q 卫生和社会工作
H 住宿和餐饮业	R 文化、体育和娱乐业
I 信息传输、软件和信息技术服务业	S 综合
J 金融业	

3. 标准行业分类

全球行业分类系统（GICS）是由标准普尔（S&P）与摩根士丹利公司（MSCI）于 1999 年 8 月联手推出的行业分类系统。该标准为全球金融业提供了一个全面的、全球统一的经济板块和行业定义。全球行业分类系统为四级分类，包括 11 个经济部门、24 个行业组、69 个行业和 158 个子行业。全球行业分类系统意图为全球投资者提供一个标准化的行业定义，可以使投资者对其全球组合进行更加精确和有意义的分析。

其中最常被提及的是 11 个经济部门：①基础材料，包括化学品、金属采矿、纸产品和林产品等行业；②消费者非必需品，包括汽车、服装、休闲和媒体等行业；③消费者常用品，包括日用产品、食品和药品零售等行业；④能源，包括能源设施、冶炼、石油和天然气的开采；⑤金融，包括银行、金融服务和保险；⑥医疗保健，包括经营型医疗保健服务、医疗产品、药品和生物技术；⑦工业，包括资本货物、交通、建筑、航空和国防；⑧信息技术，包括硬件、软件和通信设备；⑨电信服务，包括电信服务和无线通信；⑩公用事业，包括电力设备和天然气设备；⑪地产业，包括房地产开发、管理及相关信托等。

二、经济周期与行业分析

外部宏观经济波动往往会影响行业表现，但不同的行业受到宏观经济的影响不同。根据行业与国民经济波动的相关性，我们可以将行业分为如下三种类型：

（一）增长型行业

增长型行业的行业收入增长速率相对于经济周期的变动来说，并未出现同步影响，经常呈现增长形态。行业收入增长主要依靠技术进步、新产品推出以及更优质的服务，如智能手机及手机软件服务等。

（二）周期性行业

周期性行业是指行业的景气度与外部宏观经济环境高度正相关，并呈现周期性循环的行业。周期性行业的特点是产品价格、需求以及产能呈现周期性波动，行业景气度高峰期来临时产品需求上升，价格大涨，为满足突然膨胀的需求，产能大幅度扩张；而在萧条期时则刚好相反。汽车、钢铁、房地产、有色金属、石油化工等是典型的周期性行业，其他周期性行业还包括电力、煤炭、机械、造船、水泥等行业。

（三）防御型行业

防御型行业的行业经营状况在经济周期的上升和下降时期都很稳定。该行业主要包括一般必需品行业，如食品业和公用事业。

事实上，绝大多数行业都是周期性行业，根据其波动剧烈程度分为强周期行业与弱周期行业。周期性行业之所以具有周期性，是因为当国内生产总值持续高增长，人们收入提高，特别是对住房、国际旅游、奢侈品等的需求增加，从而催生这些产品及其背后的原料（化工、金属、煤炭、电力等）、机器设备、能源消耗等的增加。

怎样判断行业与经济周期的关系？通常的做法是选取 1~2 个反映行业增长的指标，计算其年增长率，再将该增长率与国内生产总值增长率进行比较，观察两者的波动趋势是否一致。指标选取可采用行业年总产量、年总产值、年固定资产额度、年从业人员数量等供给角度指标，或行业销量、销售收入、主营业务收入等需求角度指标。

若某行业历年增长率较平稳，并未显示同国内生产总值有一致的明显波动性，则可认为其为防御型行业；若某行业历年增长率总体上逐年攀升，特别是在经济衰退期，受国内生产总值波动影响较小，则可认为该行业为增长型行业。

第三节 公司分析

一、公司基本面分析

（一）公司行业地位分析

行业地位分析的目的是判断公司在所处行业中的竞争地位。如是否为领导企业，在价格上是否具有影响力，是否具有竞争优势等。在大多数行业中，无论其行业平均盈利能力如何，总有一些企业具有更强的获利能力。企业的行业地位决定了其盈利能力是高于还是低于行业平均水平，决定了其在行业内的竞争地位。衡量公司行业竞争地位的主要指标是产品的市场占有率。

对于公司在行业中的竞争地位，我们可以采用 SWOT 这一分析工具来进行分析。SWOT 是英文的缩写，S 和 W 是指公司内部的优势和劣势，O 和 T 是指公司外部的机会和威胁，见图 6-1。

S 优势（内部）	W 劣势（内部）
O 机会（外部）	T 威胁（外部）

图 6-1 SWOT 分析矩阵

SWOT 分析主要是通过列举公司相对于竞争对手的优势和劣势、公司外部环境给竞争带来的影响因素来分析公司在产业中的竞争地位。

优势（S）是公司的内部因素，是指在竞争中相对优势的方面，具体包括：有利的竞争态势、充足的资金来源、良好的公司形象、技术力量、规模经济、产品质量、市场份额、成本优势、广告攻势等。

劣势（W）也是公司的内部因素，是指在竞争中相对弱势的方面，具体包括：设备老化、管理混乱、缺少关键技术、研发落后、资金短缺、经营不善、产品积压、竞争力差等。

机会（O）是公司的外部因素，具体包括：新产品、新市场、新需求、市场壁垒解除、竞争对手失误等。

威胁（T）也是公司的外部因素，具体包括：新的竞争对手、替代产品增多、市场紧缩、行业政策变化、经济衰退、客户偏好改变、突发事件等。

（二）公司经济区位分析

经济区位是指地理范畴上的经济增长点及其辐射范围。上市公司的投资价值与区位经济的发展密切相关，在进行区位分析时应该注意以下几个方面。

1. 区位内的自然条件和基础条件

自然条件和基础条件包括矿产资源、能源、交通、通信设施以及人才等，这些是上市公司拥有的基本硬件条件，对区位内上市公司的发展起着重要作用。

2. 区位内的政府相关政策

不同区位的地方政府通常会有自己的经济发展规划，也会据此制定一系列相关产业的政策法规，支持当地经济的发展。在这个背景下，地方政府往往会确定区位内优先发展和扶植的产业，并给予相应的各项政策优惠，因此相关产业内的公司将得到较好的发展。

3. 区位内的经济特色

经济特色是指区位内外经济的联系和互补性及其发展活力与潜力的比较优势特色在某种意义上代表着优势，比如福建沿海地区形成了独特的服装制造集群化特色，该区位内的公司在服装制造方面比其他区位内的同类公司更有竞争力。

（三）产品竞争力分析

1. 成本优势

成本优势是指公司的产品依靠低成本获得高于同行业其他企业盈利的能力。成本优势是决定竞争优势的关键因素。成本优势可通过规模经济、专有技术、优惠的原材料、低廉的劳动力、科学的管理、发达的营销网络等实现。由资本的集中度决定的规模效益是决定产品生产成本的基本因素。

2. 技术优势

技术优势是指公司拥有比其他竞争对手更强的技术实力，即其研究与开发新产品的能力，主要体现在公司的生产技术水平和产品技术含量上。公司新产品的研究与开发能力是决定公司竞争成败的关键因素。其实现方式：产品创新和人才创新。

产品创新包括四种方式：一是通过核心技术研发，开发出一种新产品或提高产品质量；二是通过新工艺研究，降低现有生产成本，开发出一种新的生产方式；三是根据细分市场进行产品细分，实行产品差别化生产；四是通过研究产品要素新组合，获得一种原材料或半成品的新的供给来源等。

3. 质量优势

质量优势是指公司的产品以优于其他公司同类产品的质量赢得市场，从而取得竞争优势。消费者在进行购买选择时，产品的质量始终是影响他们购买倾向的一个重要因素。当一个公司的产品价格溢价超过了其为追求产品的质量优势而附加的额外成本时，该公司就能获得高于其所属行业平均水平的盈利。换句话说，在与竞争对手成本相等或成本近似的情况下，具有质量优势的公司往往在该行业中占据领先地位。

4. 产品的市场占有情况

产品的市场占有情况在衡量公司产品竞争力方面占有重要地位。通常可以从两个方面对其进行考察：其一，公司产品销售市场的地域分布情况。公司销售市场可分为地区型、全国型和世界范围型。市场地域的范围能大致估计一家公司的经营能力和实力。其二，公司产品在同类产品市场上的占有率。市场占有率是对公司实力和经营能力较精确的估计。市场占有率是指公司某产品销售量占该类产品整个市场销售总量的比例。市场占有率越高，表示公司的经营能力和竞争力越强，公司的销售和利润水平越高，越稳定。

5. 产品的品牌战略

品牌是一个商品名称和商标的总称，可以用于辨别一个卖者或者卖者集团的货物或劳务，以便同竞争者的产品相区别。品牌竞争是产品竞争的延伸和深化，产业进入成熟阶段后，品牌就成为产品及企业竞争力的一个越来越重要的因素。品牌的三种功能包括：一是创造市场的功能；二是联合市场的功能；三是巩固市场的功能。

（四）公司竞争战略分析

基本的竞争战略包括成本领先战略、差异化战略和聚焦战略。

1. 成本领先战略

成本领先战略是指通过有效途径，使公司的总体成本低于竞争对手的成本，以获得同行业平均水平以上的利润。成本领先战略是在一个行业中最容易成功的竞争战略。低成本的公司可以通过降价竞争的方式将高成本的对手挤出市场。例如，"格兰仕"是中国家电行业中应用低成本竞争战略成功的厂家之一，它通过降价竞争挤占了国内外微波炉厂家的市场份额，一举成为世界最大的微波炉生产厂家。

2. 差异化战略

差异化战略是指为使公司产品、服务和形象与竞争对手有明显的区别，形成与众不同的特点而采取的一种竞争战略。当一个公司确认自己的产品具有某些不同于本行业其他产品的突出特点，而这个特点又能得到消费者的特别重视时，公司就可以采用差异化战略。

3. 聚焦战略

聚焦战略是指公司主攻某个特定的顾客群、某产品系列的一个细分领域或某个地区市场。虽然低成本与产品差异都要在全产业范围内实现其目标，但是聚焦战略却是围绕着更好地为某一特定目标服务这一中心建立的。这一战略的前提是：公司能以更高的效率、更好的效果为某一狭窄的战略对象服务，从而超过在更广阔范围内的竞争对手。

在了解了公司的竞争战略后，我们还必须从以下角度提出问题并进行分析：

（1）公司在选定一种竞争战略后，它所面临的主要风险和主要的成功驱动因素有哪些？

（2）公司目前有无足够的资源和能力来应对风险？

（3）公司的各项活动，如研究设计、产品生产、推广应用、分销渠道及售后支持等，是否与公司的既定战略相吻合？

（4）其他公司是否很容易模仿这一竞争战略？公司的竞争优势能否持久？

（5）公司所在行业有无发生重大结构变化（新技术的发明、外国竞争者的加入、国家法律的变化、消费者需求的改变等）的可能性？公司是否有足够的弹性来应付这些变化？

（五）公司经营能力分析

1. 公司法人治理结构

公司法人治理结构有狭义和广义两种定义，狭义上的公司法人治理结构是指有关公司董事会的功能、结构和股东的权利等方面的制度安排；广义上的法人治理结构是指有关企业控制权和剩余索取权分配的一整套法律、文化和制度安排，包括人力资源管理、收益分配和激励机制、财务制度、内部制度和管理等。健全的公司法人治理结构体现在以下七个方面：

（1）规范的股权结构

规范的股权结构包括三层含义：一是降低股权集中度，改变“一股独大”的局面；二是流通股股权适度集中，发展机构投资者、战略投资者，发挥他们在公司治理中的积极作用；三是股权的流通性。

（2）有效的股东大会制度

股东大会制度是确保股东充分行使权力的最基础的制度安排，建立有效的股东大会制度是上市公司建立健全公司法人治理机制的关键。根据 2018 年 9 月 30 日中国证券监督管理委员会修订的《上市公司治理准则》，有效的股东大会制度应包括：具备规范的召开与表决程序，股东大会应给予每个提案合理的讨论时间，董事会的授权原则、授权内容应明确具体，股东大会会议时间、地点的选择应有利于让尽可能多的股东参加会议，充分运用现代信息技术手段扩大股东参与股东大会的比例等。

（3）董事会权力的合理界定与约束

董事会作为公司的决策机构，对于公司法人治理机制的完善具有重要作用。股东大会应赋予董事会合理充分的权力，但也要建立对董事会权力的约束机制。根据《上市公司治理准则》，合理的董事会制度应制定规范、透明的董事选聘程序；在董事的选举过程中，应充分反映中小股东的意见，并积极推进累积投票制度；董事应根据公司和全体股东的最大利益，忠实、诚信、勤勉地履行职责；上市公司治理结构应确保董事会能够按照法律法规和公司章程的规定行使职权，公平对待所有股东，并关注公司其他利益相关者的利益；董事会授权董事长在董事会闭会期间行使董事会部分职权的，上市公司应在公司章程中明确规定授权原则和授权内容，凡涉及公司重大利益的事项应由董事会集体决策等。

（4）完善的独立董事制度

在董事会中引入独立董事制度，可以加强公司董事会的独立性，有利于董事会对公司的经营决策做出独立判断。2001 年 8 月，中国证监会发布了《关于在上市公司建立独立董事制度的指导意见》，要求上市公司在 2002 年 6 月 30 日之前建立独立董事制度。这对于我国上市公司独立董事制度的建立无疑具有重大的指导意义。

(5) 监事会的独立性和监督责任

一方面，应该加强监事会的地位和作用，增强监事会的独立性并加强监督的力度，限制大股东提名监事候选人和作为监事会召集人。另一方面，应该加强监事会的监督责任，对公司的经营管理进行全面的监督，包括调查和审查公司的业务状况，检查各种财务情况，并向股东大会或监事会提供报告，对公司高管的行为实行监督。

(6) 优秀的职业经理层

优秀的职业经理层是保证公司治理结构规范化、高效化的人才基础。形成高效运作的职业经理层的前提是建立一套科学化、市场化、制度化的选聘制度和激励制度。

(7) 相关利益者的共同治理

相关利益者包括员工、债权人、供应商和客户等主要利益相关者。相关利益者共同参与的共同治理可以有效建立公司外部治理结构，弥补内部治理的不足。

2. 公司经理层素质

素质，是指个人品质、性格、学识、能力、体质五个方面特性的总和。在一定意义上，是否有卓越的企业经理人员和经理层，直接决定着企业的经营成果。一般而言，公司经理人员应该具备的素质包括：从事管理工作的愿望、专业技术能力、良好的道德品质修养、人际关系协调能力。

3. 公司从业人员素质和创新能力

公司业务人员的素质对公司的发展起到很重要的作用。公司业务人员应该具有的素质：专业技术能力，对企业的忠诚度、责任感，团队合作精神和创新能力等。对员工的素质进行分析，可以判断公司发展的持久力和创新能力。

二、公司财务报表分析

(一) 财务报表分析概述

1. 财务报表分析的内容

财务报表分析是以企业基本活动为对象、以财务报表为主要信息来源、以分析和综合为主要方法的系统认识企业的过程，其目的是了解过去、评价现在和预测未来，以帮助报表使用者改善决策。

尽管对于不同的报表使用者，财务分析的内容会有所不同，但是概括起来，财务报表分析的主要内容包含资产结构分析、偿债能力分析、盈利能力分析、营运能力分析、现金流量分析和成本费用分析等。

2. 财务报表分析的目的

不同的人进行财务报表分析的目的不同。投资人、债权人、政府机构和经理人员分别具有不同的目的，需要不同的信息，采用不同的分析方法。

（1）投资人

投资人，是指公司的权益投资人，即普通股东。普通股东投资于公司的目的是增加自己的财富。他们所关心的问题包括偿债能力、收益能力以及风险等。

权益投资人进行财务报表分析，对以下问题十分关注：

①公司当前和长期的收益水平高低，以及公司收益是否容易受重大变动的影响？

②公司目前的财务状况如何？公司资本结构决定的风险和报酬如何？

（2）债权人

债权人，是指借款给企业并得到企业还款承诺的人。债权人关心企业是否具有偿还债务的能力。债权人可以分为短期债权人和长期债权人。债权人的主要决策是决定是否给企业提供信用，以及是否需要提前收回债权。他们关注以下几方面的问题：

①公司为什么需要额外筹集资金？

②公司还本付息所需资金的可能来源是什么？

③公司对于以前的短期和长期借款是否按期偿还？

④公司将来在哪些方面还需要借款？

（3）政府机构

政府机构也是公司财务报表的使用人，包括税务部门、国有企业的管理部门、证券监管机构、会计监管机构和社会保障部门等。它们使用财务报表是为了履行自己的监督管理职责。

（4）经理人员

经理人员，是指被所有者聘用的，对公司资产和负债进行管理的个人组成的团体。经理人员关心公司的财务状况、盈利能力和持续发展的能力。经理人员可以获取外部使用人无法得到的内部信息。他们分析报表的主要目的是发现公司管理当中的问题，为公司经营提供决策参考。

3. 财务报表分析的方法

财务报表分析的方法主要有比率分析法、趋势分析法、对比分析法和综合分析法四种。

（1）比率分析法

比率分析法，是指对本公司一个财务年度内的财务报表各项目之间进行比较，计算比率，判断其年度内偿债能力、经营效率及盈利能力情况。

比率分析法是财务报表分析当中应用最广的方法。其最大的特点是简单、实用，容易为财务分析人员所掌握。甚至，随着参与股市投资的社会大众的增多，有些比率已经成为被社会大众所认知的数据，如市盈率、资产回报率和销售利润率等，进一步巩固了比率分析在财务报表分析当中的地位。

（2）趋势分析法

趋势分析法，是指对本公司不同时期的财务报表进行比较分析，可以得出对公司持续经营能力、财务状况变动趋势以及盈利能力的判断，从一个较长的时期来动态地分析公司状况。趋势分析就是分析期与前期或连续数期项目金额的对比。这种对财务报表项目纵向比较分析的方法，是一种动态的分析。

对分析期与前期（上月、上季、上年同期）财务报表中有关项目金额进行对比，可以从差异中及时发现问题，查找原因，改进工作。对连续数期的财务报表项目进行比较，能够反映出企业的发展动态，以揭示当期财务状况和营业情况的增减变化，判断引起变动的主要项目是什么，这种变化的性质是有利还是不利，发现问题并评价企业财务管理水平，同时也可以预测企业未来的发展趋势。

（3）对比分析法

对比分析法，是指与同行业其他公司进行比较分析，从而可以了解公司各种指标的优劣，在群体中判断个体。使用本方法时常选用行业平均水平或行业标准水平，通过比较得出公司在行业中的地位，认识优势与不足，真正确定公司的价值。

（4）综合分析法

综合分析方法，就是将反映企业不同侧面的财务指标进行综合，得出一个概括性的结论（或称综合得分）。在综合分析方法中，沃尔评分法最为著名。沃尔评分法由亚历山大·沃尔发明。他提出了信用能力指数的概念，把若干个财务比率用线性关系结合起来，以此评价企业的信用水平。沃尔评分法选择了七种财务比率，分别给定了其在总评价中占的比重，权重总和为 100%。然后确定标准比率，并与实际比率相比较，评出每项指标的得分，最后求出总评分。

多元统计分析是一种新的综合分析方法。这种方法基于同时对多个对象进行考察所得的数据来进行分析。应用较多也较成熟的方法有主成分分析法、因子分析法、聚类分析法和判别分析法等。它们的主要作用是，对反映事物不同侧面的许多指标进行综合，将其合成为少数几个“因子”，进而计算出综合得分，便于我们全面认识被研究事物，并找出影响事物发展现状及趋势的决定性因素，进而达到对事物的更深层次的认识。

（二）财务比率分析

1. 偿债能力分析

偿债能力是企业偿还各种到期债务的能力，对偿债能力进行分析有助于揭示企业的财务风险。

（1）流动比率

流动比率=流动资产÷流动负债

流动比率是衡量企业短期偿债能力的一个重要财务指标，这个比率越大，说明企业偿还流动负债的能力越强。但流动比率也并非越高越好，因为流动比率过大，可能是企业滞留在流动资产上的资金过多，未能加以有效利用，因而可能会影响企业的获利能力。根据经验，此指标值在 2∶1 左右比较合适。

（2）速动比率

速动比率=速动资产÷流动负债

其中，速动资产=流动资产-存货-预付账款-待摊费用

速动比率越大，说明企业偿债能力越强，但若过高则表明企业拥有过多的货币性资产，可能丧失了投资和获利的机会；过低说明企业偿债能力存在问题。根据经验，此指标值为 1∶1 比较合适，低于 0.5 说明偿债能力较差。

（3）现金比率

现金比率=(现金+现金等价物)÷流动负债其中现金等价物(一般主要指短期投资)

现金比率反映企业的直接支付能力，现金比率越大，说明企业有较好的支付能力，但如果过大，可能意味着企业拥有过多的获利能力较低的现金类资产，资产未能得到有效的运用。

（4）资产负债率

资产负债率 =（负债总额÷资产总额）× 100%

该指标反映企业的资产总额当中有多少是通过举债得到的，反映了企业偿还债务的综合能力，该比率越大，企业偿还债务的能力越差；反之，偿还债务的能力越强。该值超过 1，说明企业资不抵债，财务风险较大。

（5）所有者权益率

所有者权益率 =（所有者权益÷资产总额）×100%

所有者权益率反映了企业全部资金中，有多少是所有者提供的。该比率越大，说明企业财务风险越小，偿还长期债务的能力就越强。所有者权益比率与资产负债率两个指标之和为 1。

2. 营运能力分析

对企业营运能力进行分析，可以了解企业的营运状况和管理水平。资金周转状况好，说明企业的经营管理水平高，资金利用效率高；反之，则资金利用效率低。

（1）存货周转率

存货周转率 = 销售成本÷平均存货×100%

其中，平均存货 =（期初存货余额+期末存货余额）÷2

该指标用来测度企业存货的变现速度，衡量企业的销售能力和存货的存储是否适当。该指标值一般越大越好，表明企业的销售能力越强；但如果过大，可能说明企业管理方面存在一些问题，如存货水平太低，甚至是经常缺货等。

（2）应收账款周转率

应收账款周转率 = 赊销收入净额÷应收账款平均余额×100%

其中，应收账款平均余额 =（期初应收账款+期末应收账款）÷2

应收账款周转率反映了企业在一个会计年度内应收账款的周转次数。该比率越大，说明企业催收账款的速度越快，坏账损失可能性越小，企业财务管理工作效率越高。

（3）流动资产周转率

流动资产周转率 = 销售收入÷平均流动资产总额×100%

其中，平均流动资产总额 =（期初流动资产总额+期末流动资产总额）÷2

该指标反映了企业流动资产的利用效率，该比率越大，说明企业流动资产的利用效率越高。该值没有一个确定的标准，一般应比较企业历年的数值并结合行业特点进行分析。

（4）固定资产周转率

固定资产周转率 = 销售收入 ÷ 固定资产平均净值 × 100%

其中，固定资产平均净值 =（期初固定资产净值 + 期末固定资产净值）÷2

该比率越大，说明企业固定资产的利用率越高，管理水平越高。如果该值与同行业平均水平相比偏低，说明企业的获利能力较差。

（5）总资产周转率

总资产周转率 = 销售收入 ÷ 资产平均总额 × 100%

其中，资产平均总额 =（期初资产总额 + 期末资产总额）÷2

该指标可用来分析企业全部资产的使用效率，如果该指标值比较小，说明企业利用其资产进行经营的效率较低，或影响企业的获利能力。分析总资产周转情况，可以推测企业的销售能力。

3. 盈利能力分析

盈利是企业经营的重要目标，是企业生存和发展的物质基础，其中盈利能力指标是评价企业经营管理水平的重要依据。

（1）销售毛利率

销售毛利率 = 销售毛利 ÷ 销售收入净额 × 100%

=（1 − 销售成本 ÷ 销售收入净额）× 100%

销售毛利率越大，说明企业通过销售获取利润的能力越强。

（2）销售净利率

销售净利率 = 净利润 ÷ 销售收入净额 × 100%

销售净利率可用于分析评价企业通过销售赚取利润的能力，该比率越高，说明企业获取收益的能力越强。

（3）成本费用利润率

成本费用利润率 = 净利润 ÷ 成本费用总额 × 100%

其中，成本费用总额 = 主营业务成本总额 + 费用总额，而“费用总额”为销售费用、管理费用、财务费用的总和。

该指标反映企业生产经营过程中发生的耗费与获得的收益之间的关系。该指标值越大，说明企业为获取收益而付出的代价越小，企业的获利能力越强。

（4）总资产报酬率

总资产报酬率=净利润÷资产平均总额×100%

其中，资产平均总额=（期初资产总额+期末资产总额）÷2

该指标反映企业投入的全部资产获取报酬的能力，该值越大说明企业资产利用效率越高，企业获利能力越强。

（5）资本金利润率

资本金利润率=净利润÷资本金总额× 100%

其中，资本金总额=[（期初长期负债+期初股东权益）+（期末长期负债+期末股东权益）]÷2

资本金利润率越高，说明企业资本金获取报酬的能力越强。

（6）权益利润率

权益利润率=净利润÷平均股东权益×100%

其中，股东权益=实收资本+资本公积+盈余公积金+未分配利润

平均股东权益=（期初股东权益+期末股东权益）÷2

权益利润率越高，说明股东投资的收益水平越高，获利能力越强。

（7）资产保值增值率

资产保值增值率=所有者权益期末数÷所有者权益期初数×100%

该指标主要反映企业资产保值增值情况。若该指标高于同行业平均水平，说明企业所有者权益增长快，经营情况良好；若低于同行业平均水平，说明企业经营情况较差。

4. 现金流量分析

（1）现金流量的结构分析

现金流量的结构分析，是指对同一时期现金流量表中不同项目间的比较与分析，以揭示各项数据在企业现金流入量中的相对意义。分析建立在现金流量表基础上的有关数据，可以进一步明确现金收入的构成、现金支出的构成及现金余额的形成。现金流量的结构分析可以分为流入结构分析、流出结构分析和流入流出比分析三个方面。

（2）盈利质量分析

盈利质量分析，是指根据经营活动现金净流量与净利润、资本支出等之间的关系，揭示企业保持现有经营水平，创造未来盈利能力的一种分析方法。盈利质量分析主要

包含以下两个指标：

①盈利现金比率

盈利现金比率=经营现金净流量÷净利润

这一比率反映企业本期经营活动产生的现金净流量与净利润之间的比率关系。一般情况下，比率越大，企业盈利质量就越高。如果比率小于1，说明本期净利润中存在尚未实现现金的收入。在这种情况下，即使企业盈利，也可能发生现金短缺，严重时会导致企业破产。在分析时，还应结合企业的折旧政策，分析其对经营现金净流量的影响。

②再投资比率

再投资比率=经营现金净流量÷资本性支出

这一比率反映企业当期经营现金净流量是否足以支付资本性支出（固定资产投资等）所需要的现金。该比率越大，企业扩大生产规模、创造未来现金流量或利润的能力就越强。如果比率小于1，说明企业资本性支出所需现金，除经营活动提供外，还包括外部筹措的现金。

（3）筹资与支付能力分析

筹资与支付能力分析是通过现金流量表有关项目之间的比较，反映企业在金融市场上的筹资能力以及偿付债务或费用的能力。到期债务本息偿付比率是企业筹资与支付能力分析的常用指标。

到期债务本息偿付比率=经营现金净流量÷(本期到期债务本金+现金利息支出)

这一比率用来衡量企业到期债务本金及利息可由经营活动创造现金支付的程度。比率越大，说明企业偿付到期债务的能力就越强；如果比率小于1，说明企业经营活动产生的现金不足以偿付到期债务本息，企业必须对外筹资或出售资产才能偿还债务。

第七章　技术分析

技术分析是通过观察分析证券在市场中过去和现在的具体表现，应用有关逻辑、统计等方法，归纳总结出在过去的历史中所出现的典型市场行为特点，得到一些市场行为的固定“模式”，并利用这些模式预测证券市场未来的变化趋势。技术分析是对证券市场行为所做的分析，分析市场行为的重点是分析市场行为的四个要素：价格、成交量、时间因素、空间因素。

1. 价格和成交量

在某一时点上的价和量反映的是买卖双方在这一时点上共同的市场行为，是买卖双方所达成的暂时均衡点。随着时间的变化，均衡点会发生变化，也就是价和量的关系发生变化。买卖双方对价格的认同程度可以通过成交量的大小来确认。伴随成交量大的价格变化，为投资者提供的“信息量”就大，值得投资分析人员重视。分析成交量大的价格变化，比分析成交量小的价格变化要重要得多。买卖双方的这种市场行为反映在价、量上就往往呈现出这样一种规律：价升量增、价跌量减。如果价格上升，而成交量不再增加，则意味着价格得不到更多的买方确认，价格在今后的继续上升将是“不正常”的，有可能是人为因素引起的上升。比如，资金雄厚的机构投资者出于某种原因有意将价格维持在高价位。价格和成交量的这种相互配合和相互认同的规律，是采用技术分析研究市场的合理性所在，相当多的技术分析方法都要研究价格和成交量之间的关系。

2. 时间因素和空间因素

时间因素和空间因素是市场行为的另一种表现形式。

时间因素体现的是事物发展的周而复始的特性。以股票为例，每只股票在市场上所表现出来的周期不一样，分析时间因素有利于了解股票价格波动的局部低点和高点，为预测行情服务。此外，投资者个人心理上的情绪变化也会呈现出某些周期性的因素。

空间因素所体现的是价格波动大小的“极限”。比如，我们知道，价格在短时间内不可能从 0.5 元上升到 1 000 元。不同的证券或者同一证券在不同的时期，其波动变化的空间是不同的。了解价格波动大小在空间方面的规律，对于投资者所进行的具体投资也是有好处的。总之，对时间和空间的研究可以明确价格变动趋势的深度和广度。

第一节 K 线理论

一、K 线的起源和画法

（一）K 线的起源

K 线又称蜡烛图、蜡烛线、日本线、阴阳线、棒线等，英文名称是 candlestick 或 candle，目前常用的说法是“K 线”，起源于日本德川幕府时代（1603—1868 年）的米市交易，用来计算米价每天的涨跌，米市和今天的商品期货市场比较相似。

2. K 线的画法

为了运用好 K 线，我们应当学习 K 线的画法，仔细了解 K 线，这样才能从根本上了解 K 线。实战中我们往往不用画 K 线，一般的行情软件已经画好了 K 线，只需要看得懂和会使用就可以了。

K 线图是以每个分析周期的开盘价、最高价、最低价和收盘价绘制而成的。①开盘价是指每个分析周期的第一笔成交价格；②最高价是在每个分析周期中成交价格曾经出现过的最高价格；③最低价是在每个分析周期中成交价格曾经出现过的最低价格；④收盘价是指每个分析周期最后一笔交易的价格。

K 线是一条柱状的线条，由实体（real body）和影线（shadow）组成，中间的方块是实体。影线在实体上方的部分叫上影线，在实体下方的部分叫下影线。实体分阴线和阳线，又称为红（阳）线和黑（阴）线，为了画 K 线，首先要确定开盘价、收盘价、最高价和最低价，接着就可以根据数据画出 K 线了，具体的画法如图 7-1 所示。

画 K 线需要明确三个要点：一是上影线和下影线的位置；二是实体的位置；三是实体的阴阳。实体的模样是矩形，实体矩形的宽度是没有限制的，实体矩形上下边的位置由开盘价和收盘价确定，实体的阴阳由开盘价和收盘价的关系确定。在图 7-1 中，左边 K 线的开盘价低于收盘价，为阳线，阳线在国内一般为红色的 K 线；右边 K 线的开盘价高于收盘价，为阴线，阴线在国内一般为绿色的 K 线。上影线的位置由最高价确定，下影线的位置由最低价确定。在 K 线中，实体有长短之分，上下影线也有长短之分，实体的长度是开盘价与收盘价之间的距离。上影线的长度是最高价到实体上边之间的距离，下影线是最低价到实体下边之间的距离。

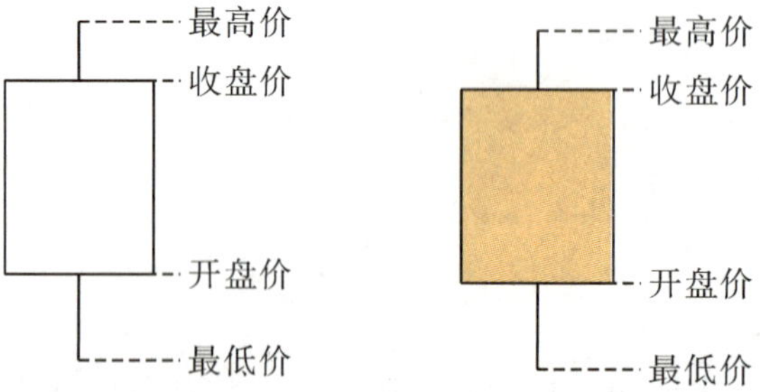

图 7-1　两种 K 线形态

实体的阴阳和长短、上下影线的长短都是 K 线的重要特征，一根 K 线记录的是证券在一个交易单位时间内价格变动的情况，将各交易时间的 K 线按时间顺序排列在一起，就组成了该证券价格的历史变动情况，即 K 线图。

二、K 线的基本形态分析

根据开盘价、最高价、最低价和收盘价四个价格相互之间的不同特殊取值，K 线总共有 12 种形态，除了图 7-1 的两种形态之外，K 线还有另外 10 种形状，具体的图形如图 7-2 所示。

如图 7-2 所示，图中最左边的两种 K 线的特点是实体、上影线和下影线俱全；图中第 3~4 种 K 线只有实体，没有下影线，也没有上影线；紧跟其后的第 5~6 种 K 线只有实体和上影线，没有下影线；再后面的第 7~8 种 K 线正好相反，只有下影线，没有上影线；第 3~8 种 K 线属于缺影线的情况；最后四种 K 线的共同特点是没有实体；最后三种 K 线还同时缺影线。

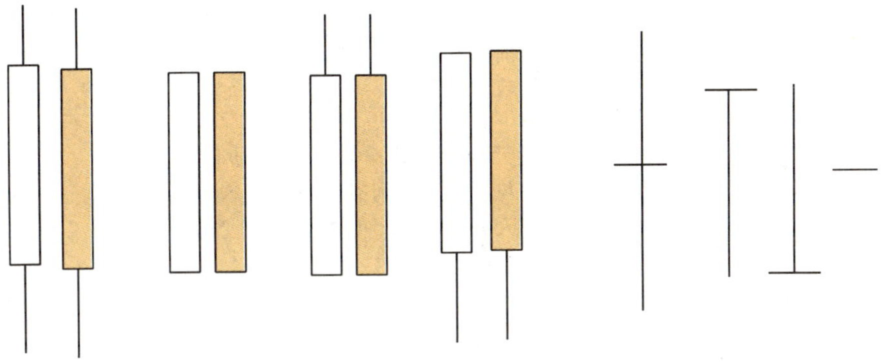

图 7-2　K 线的 12 种形态

图 7-2 中 12 种 K 线形态的具体名称依次为：①带上下影线的阳线；②带上下影线的阴线；③光头光脚阳线；④光头光脚阴线；⑤带上影线的阳线；⑥带上影线的阴线；⑦带下影线的阳线；⑧带下影线的阴线；⑨十字线；⑩T 字形；⑪墓碑形；⑫一字形。

三、K 线的组合分析

K 线组合可以是单根的也可以是多根的。在 K 线的历史上，前人从实践中总结了非常多的组合形态，组合形态有简单的也有复杂的，在这里只简单列举 11 种常见的组合形态，并简单解释这些形态的特点及可能的技术含义。

表 7-1　K 线组合形态

序号	名称	形态	形态特点	技术含义
1	乌云盖顶	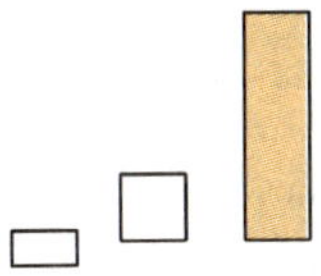	在市场上升后期，出现了一根长阳线，第三天股价跳高开盘，收盘价却下降到前一天阳线实体中间之下	顶部反转信号，趋势反转已经发生，随后将出现较长时间的下跌，投资者应迅速离场

表7-1(续)

序号	名称	形态	形态特点	技术含义
2	双飞乌鸦	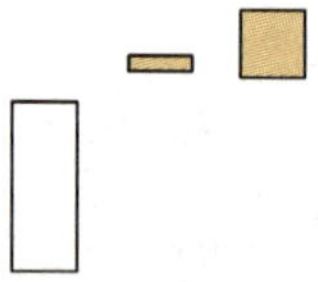	股价连续大幅上升后，第一天为长阳线，第二天高开收出带上升缺口的阴线，第三天再次跳高开盘，收出阴线，收盘比前一日阴线低，但仍高于第一天阳线的收盘价	顶部反转信号，牛市已被遏制，股价将下跌
3	早晨之星	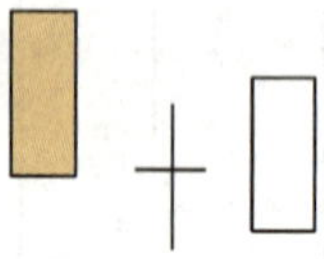	①第一天为长阴线；②第二天为十字星，并与第一天之间有向下跳空缺口；③第三天为长阳线，实体长度已上推到第一天阴线实体之内	见底信号，后市看涨
4	黄昏之星		①第一天为长阳线，为上升趋势的延续；②第二天为十字星，并伴随着向上跳空缺口；③第三天为长阴线，实体已插入第一天阳线实体之内	一轮上涨行情即将结束，接下来可能会下跌
5	射击之星	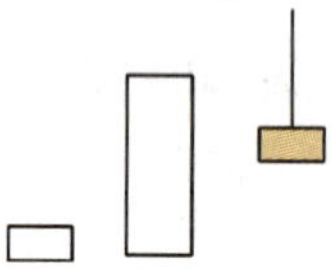	射击之星是一个小实体，上面有一根长长的上影线。其通常出现在上升趋势中，市场跳空向上开盘，出现新高点，最后收盘在较低的位置，留下长长的上影线，上影线长度是实体长度的三倍以上	射击之星是市场失去上升动能的表现，是主力出货的常见图形
6	上升三部曲	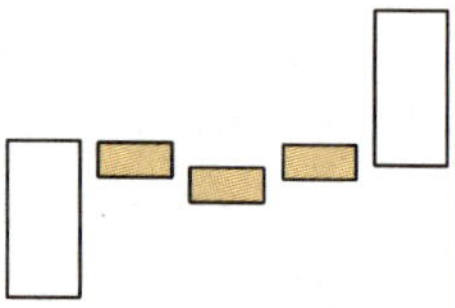	一根长阳线后接三根小阴线，再接一根大阳线的组合	升势将继续的持续整固信号
7	下降三部曲	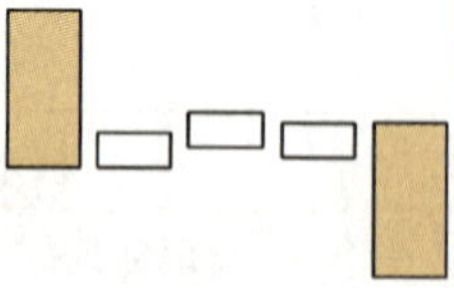	一根长阴线后接三根小阳线，再接一根大阴线的组合	市场极度虚弱，股价大跌小涨，空方占有绝对优势，将继续下跌趋势的信号
8	锤头	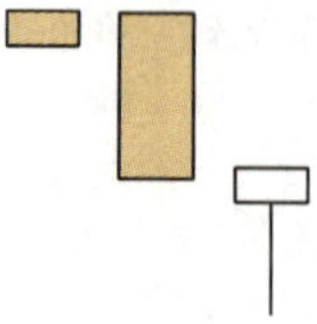	锤头是在下降趋势中，市场跳空向下开盘，空方力量被遏制，最终市场又回到或接近当日最高点，留下长长的下影线	表示市场在用锤子夯实底部，是比较可靠的底部形态，预示下跌趋势即将结束

表7-1（续）

序号	名称	形态	形态特点	技术含义
9	吊颈	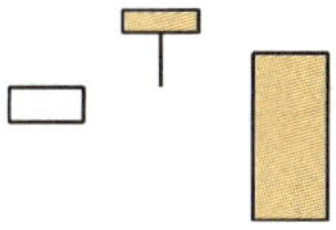	吊颈是在高位出现的小阴实体，并带有长长的下影线	吊颈形态出现的第二天多为阴线，且开盘价较低。阴线的长度越长，新一轮跌势出现的概率越大
10	双针探底	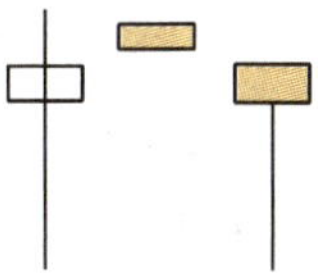	两根有一定间隔的 K 线，都带有较长的下影线，下影线的位置非常接近	股价已经过二次探底，下档有较强的支撑，底部确认有效
11	身怀六甲		高位长阳线之后，在实体中间部位出现的小阳或小阴线	市场上升力量已经衰竭，市场已有改变既有趋势的迹象。后市出现下跌的概率较大

第二节　切线类方法

一、支撑线和压力线

（一）支撑线和压力线的概念

1. 支撑线

支撑线又称为抵抗线，当价格下降到某个价位附近时，价格停止下跌，甚至有可能反弹回升，这是多方在这个位置买入造成的，多方的买入阻止了价格的继续下降，这个阻止证券价格继续下降或暂时阻止价格继续下降的价格位置就是支撑线所在的位置。

2. 压力线

压力线又称为阻力线，当价格上涨到某价位附近时，价格会停止上涨，甚至回落，这是空方在此卖出造成的。压力线所在的位置阻止价格继续上升，这个阻止或暂时阻止价格继续上升的价位就是压力线所在的位置，如图 7-3 所示。

不是只有在下跌行情中才有支撑线，也不是只有在上升行情中才有压力线。其实，在下跌行情中也有压力线，在上升行情中也有支撑线。由于在下跌行情中投资者最关注的是价格下跌到什么地方才能结束，因此下跌行情中的支撑线更受人们关注；在上升行情中人们更关注价格上涨到什么地方，因此上升行情中的压力线更受人们关注。

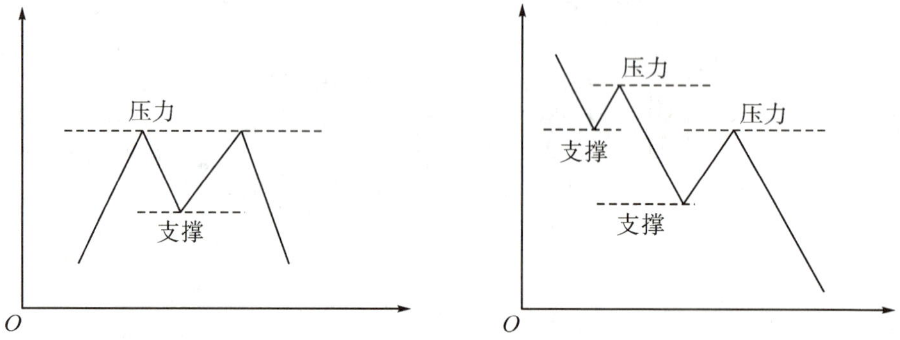

图 7-3　支撑线和压力线

（二）支撑线和压力线的应用

1. 支撑线的应用

在 K 线图上，只要多根 K 线的最低价位在同一区间多次出现，则连接两个相同最低价位并延长可形成一条支撑线，它意味着股票在某一价位区间内，需求大于供给的不平衡状态。

一般来说，一条支撑线对当前股价影响的有效性取决于三个方面的因素：一是股价在这个区域停留时间的长短；二是在这个区域伴随股价的成交量大小；三是这个支撑区域发生的时间距离当前交易日的远近。毋庸置疑，股价停留的时间越长，伴随的成交量越大，离当前交易日越近，则这条支撑线对当前的影响就越大；反之就越小。如图 7-4 绘制的支撑线所示，在支撑线以上出现了一波向上的行情走势。

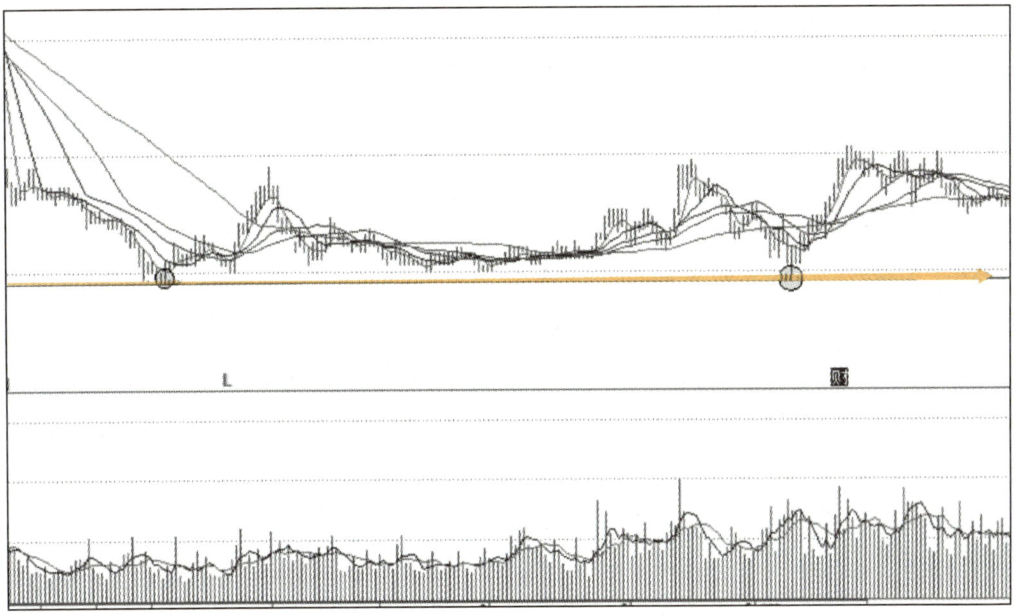

图 7-4　支撑线的应用示例

有时，由于股价的变动，投资者会发现原来确认的支撑线可能不具有真正的支撑作用，当投资者发现支撑区间无法对股价的下跌起到阻止的作用，也无法对后市股价起到助涨的作用时，一旦股价跌破支撑区域，就要严格执行止损，这就是支撑的失败，如图 7-5 所示。

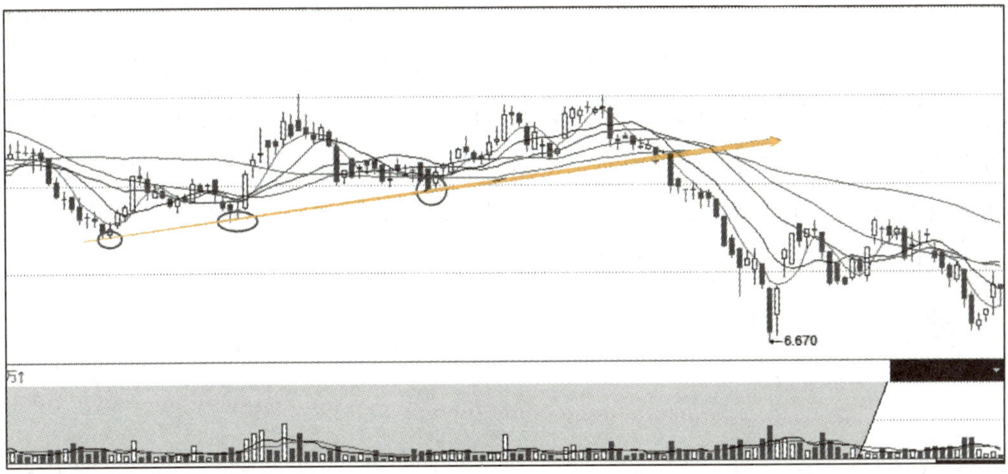

图 7-5　支撑线的突破

在利用支撑线进行技术分析时应注意以下几点：

（1）上升趋势里，回档过程中，阴 K 线比先前所出现的阳 K 线实体小，尤其是接近支撑价位时，成交量萎缩，而后阳线迅速吃掉阴线，股价再次上升，说明该处支撑有效。

（2）在支撑线附近形成横盘，经过一段时间整理后，出现长阳线上攻，表明支撑线有效。

（3）股价由上向下跌破支撑线，说明行情将由上升趋势转换为下降趋势。

（4）股价由上向下跌破支撑线，一旦有大成交量配合，即说明另一段跌势形成。

（5）股价由上向下接触支撑线，虽未曾跌破，但也无成交量配合，则预示反弹可能性较低，应尽早了结多头筹码。

（6）一般说来，在上升大趋势中，出现中级下降趋势，如果行情跌破中级下降趋势的支撑线，则说明上升大趋势可能已结束；在中级上升趋势中，出现次级下降趋势，如果行情跌破次级下降趋势的支撑线，则说明中级上升趋势可能已结束，价格或将依原下降大趋势继续下行。

2. 压力线的应用

在 K 线图上，如果最高价位在同一区间出现数次，则两个相同最高价位会连接并延长即形成一条压力线，这一现象描述了股票在某一价位区间供大于需的不平衡状态。当交易价位上升到这一区间时，因为卖方呈强势状态，而买方又不想追高，所以价位表现为遇阻回档向下。当行情由下向上回升，逼近压力线时，对前景悲观的投资者就会急于解套平仓或获利回吐，所以会出现大量抛盘现象，股票的供应量放大。对前景乐观的投资者看好短线，因顾忌价位已高，希望于价位回档时再建仓、故跟进犹豫，但若多头势单力薄，没有大成交量配合，交易价位将重回压力线以下。反复多次，压力线便自然形成，并且延续时间越长，阻力越难以突破。如图 7-7 绘制的压力线所示，在压力线以下出现了一波向下的行情走势。

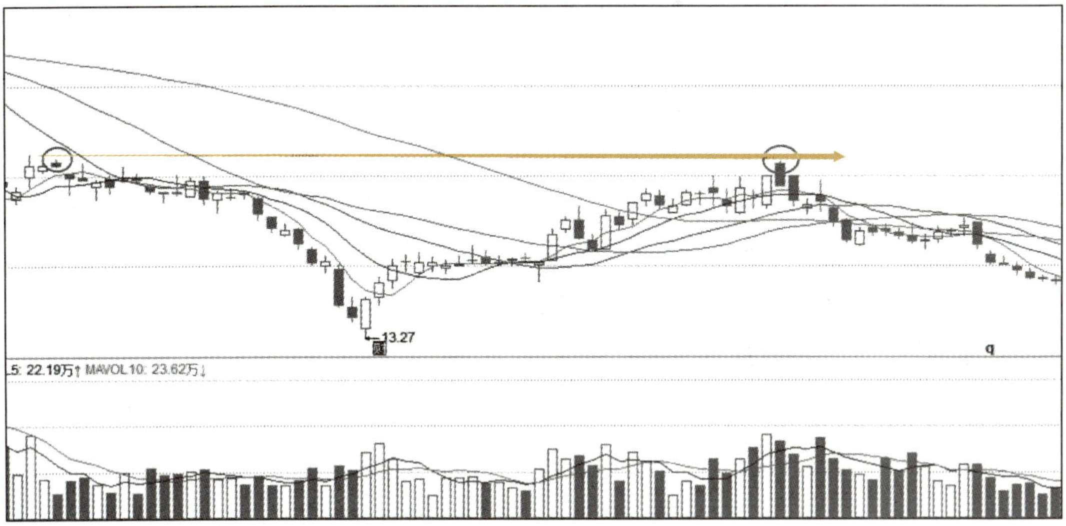

图 7-7　压力线的应用示例

当行情由下向上回升追近压力线时，若此时伴有利多消息出现，且交易价位突破阻力位后，有成交量放大配合，则压力线被有效突破，如图 7-8 所示。

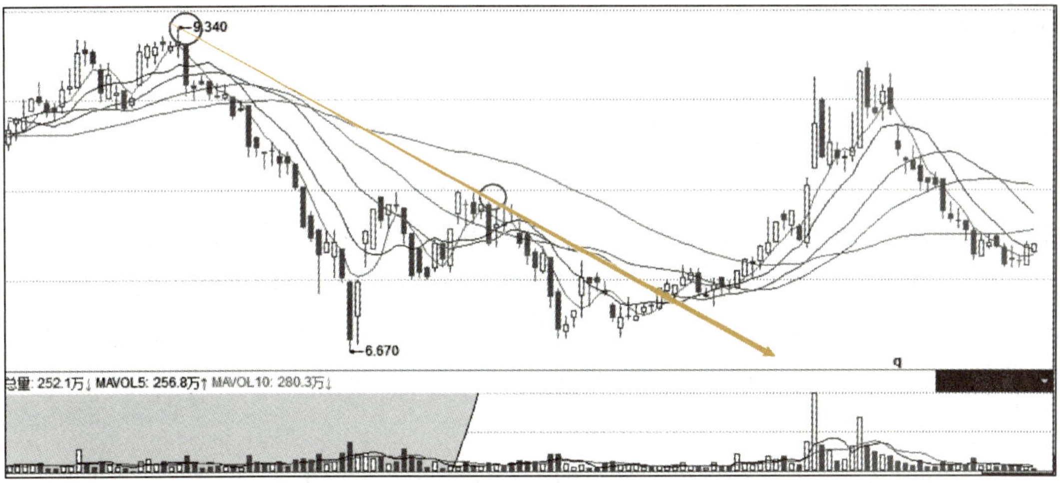

图 7-8　压力线的突破

在利用压力线进行股市分析时应注意以下几点：

(1) 下跌趋势出现反弹，若阳 K 线较先前阴线实体小，尤其在接近阻力价位时，成交量无法放大，而后阴线迅速吃掉阳线，股价再度下跌，说明该处阻力强大。

（2）下跌趋势出现强力反弹，阳线频频出现，多头实力强大，即使在压力线附近略做回调，但换手积极，则价格后市很有可能突破压力线，结束下跌走势。

（3）在压力线附近经过一段时间的盘整后，出现长阴线，说明该压力线继续形成压制。

（4）在压力线附近经过一段时间的盘整后，出现一根长阳线向上突破，成交量增加，说明多头买入意愿强烈，价格可继续看高。

（5）股价由下向上突破压力线，若成交量配合放大，说明压力线被有效突破，行情将由下降趋势转换为上升趋势。

二、移动平均线

（一）移动平均线的概念

移动平均线（MA）是以道·琼斯的“平均成本概念”为理论基础，采用统计学中“移动平均”的原理，将一段时期内的股票价格平均值连成曲线，用来显示股价的历史波动情况，进而反映股价指数未来发展趋势的技术分析方法。它是道氏理论的形象化表述，在股市中发挥着巨大的作用。

（二）移动平均线的分类

根据时间长短的不同，移动平均线可分为短期、中期、长期移动平均线。一般而言，短期移动平均线指周期在 10 日以下的移动平均线；中期移动平均线指周期在 10~20 日的移动平均线；长期移动平均线指周期在 20 日以上的移动平均线。

根据计算方法的不同，移动平均线又可分为简单移动平均数（MA）、加权移动平均数（WMA，赋予不同日期不同的加权分量）和指数平滑移动平均线数（EMA，平滑因子小时较为圆滑，平滑因子大时较为尖锐）三种。

（三）移动平均线的示例

比如如果前 5 个交易日的收盘价分别为 11 元、10 元、10 元、9 元、9 元，那么 5 日的移动平均股价为 9. 8 元=（11+10+10+9+9）/5。同理，如果下一个交易日的收盘价为 13，那么在下一次计算移动平均值的时候，需要计算（10+10+9+9+8）/5 元的平均值，也就是 9. 2 元。就这样依次计算出每天的 5 日移动平均股价，将 5 日移动平均股价连接起来绘制为曲线就得到 5 日移动平均线。

（四）移动平均线的实质

移动平均线是一种平滑工具，通过计算价格数据的平均值，可以求得一条起伏较为平缓的曲线。移动平均线的变化滞后于市场行情的变化，但是，借助于较为平缓的移动平均线，可以较好地探究潜在趋势。移动平均线实质上是一种追踪趋势的工具，其目的在于识别和显示旧趋势已经终结或反转、新趋势正在萌生的关键契机。

（五）移动平均线的简单应用

1. 股价和移动平均线

（1）移动平均线从上升逐渐走平，而股价从移动平均线上方向下跌破移动平均线时说明卖压渐重，如图 7-9 所示第一个圈标记的股价下穿 20 日移动平均线，为卖出信号。

（2）移动平均线从下降逐渐走平且略向上方抬头，而股价从移动平均线下方向上方突破，如图 7-9 所示第二个圈标记的股价上穿 20 日移动平均线，为买进信号。

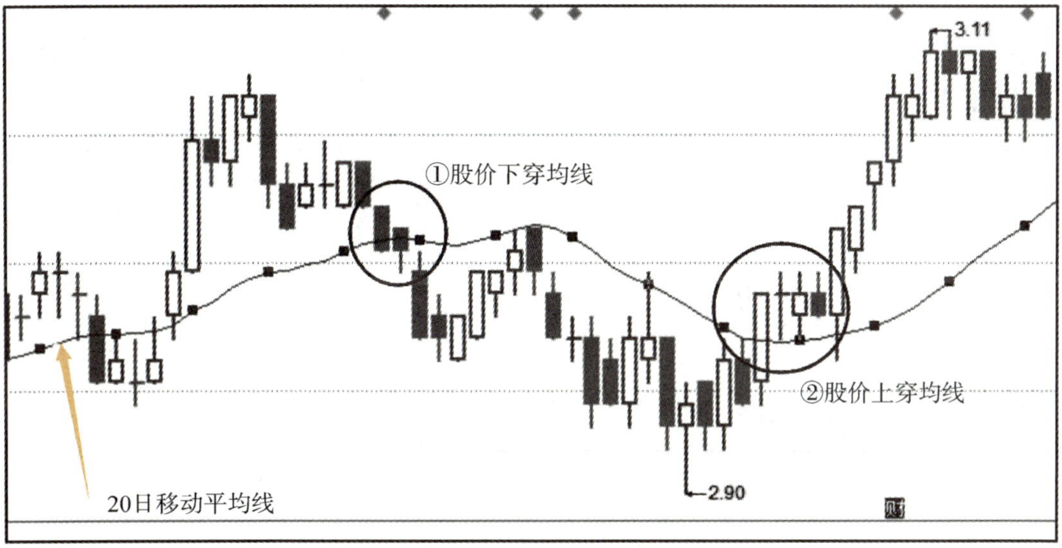

图 7-9　20 日移动平均线的应用示例

（3）股价位于移动平均线之上运行，回档时未跌破移动平均线后又再度上升时为买进时机。

（4）股价位于移动平均线之上运行，回档时跌破移动平均线，但短期移动平均线继续呈上升趋势，此时为买进时机。

（5）股价位于移动平均线以下运行，突然暴跌，距离移动平均线太远，根据物极必反的原理，股价极有可能向移动平均线靠近，此时为买进时机。

（6）股价位于移动平均线之上运行，连续数日大涨，离移动平均线越来越远，说明近期内购买股票者获利丰厚，随时都会产生获利回吐的卖压，此时为卖出时机。

（7）股价位于移动平均线下方运行，反弹时未突破移动平均线，且移动平均线跌势减缓，趋于水平后又出现下跌趋势，此时为卖出时机。

（8）股价反弹后在移动平均线上方徘徊，而移动平均线却继续下跌，宜卖出所持股票。

2. 短期移动平均线和中长期移动平均线

（1）中长期移动平均线从下降逐渐走平且略向上方抬头，而短期移动平均线从下方向上方突破，如图 7-10 所示第一个圈标记的 5 日移动平均线上穿 20 日移动平均线，为买进信号。

（2）中长期移动平均线从上升逐渐走平，而短期移动平均线从上方向下跌破中长期移动平均线，如图 7-10 所示第二个圈标记的 5 日移动平均线下穿 20 日移动平均线，为卖出信号。

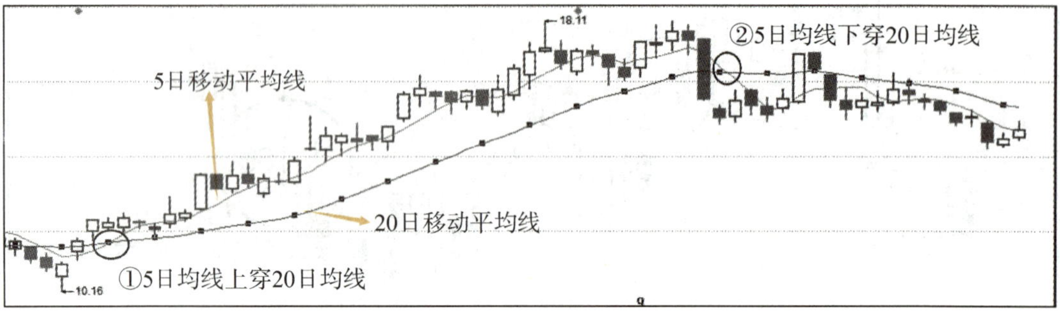

图 7-8　5 日和 20 日移动平均线的应用示例

三、趋势线

（一）趋势线的含义

由于证券价格变化的趋势是有方向的，因此我们可以用直线将这种趋势表示出来，这样的直线称为趋势线。反映价格向上波动发展的趋势线称为上升趋势线；反映价格向下波动发展的趋势线则称为下降趋势线。由于股票价格的波动可分为长期趋势、中期趋势及短期趋势三种，因此描述价格变动的趋势线也分为长期趋势线、中期趋势线与短期趋势线三种。

由于价格波动经常变化，可能由升转跌，也可能由跌转升，甚至在上升或下跌途中转换方向，因此，反映价格变动的趋势线不可能一成不变，而是要随着价格波动的实际情况进行调整。换句话说，价格不论是上升还是下跌，在任一发展方向上的趋势线都不是只有一条，而是若干条。不同的趋势线反映了不同时期价格波动的实际走向，研究这些趋势线的变化方向和变化特征，就能把握住价格波动的方向和特征。

（二）趋势线的画法

连接一段时间内价格波动的高点或低点可以画出一条趋势线。在上升趋势中，将两个低点连成一条直线，就得到上升趋势线；在下降趋势中，将两个高点连成一条直线，就得到下降趋势线，如图 7-11 中的直线 L。标准的趋势线必须由两个以上的高点或低点连接而成。由图 7-11 可看出，上升趋势线起支撑作用，是支撑线的一种；下降趋势线起压力作用，是压力线的一种。

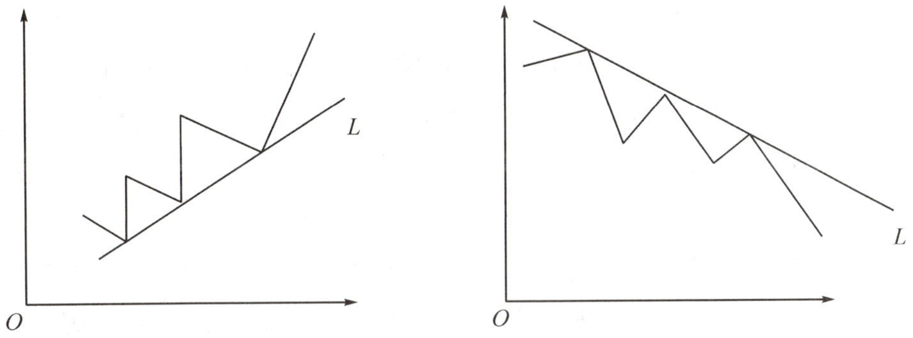

图 7-11　趋势线

（三）趋势线的确认及作用

要得到一条真正起作用的趋势线，需要经多方面的验证才能最终确认，不合条件的一般应删除。首先，必须确认有趋势存在。也就是说，在上升趋势中必须确认出两个依次上升的低点，在下降趋势中必须确认两个依次下降的高点，才能确认趋势的存在。其次，画出直线后，还应得到第三个点的验证才能确认这条趋势线是有效的。一般来说，所画出的直线被触及的次数越多，其作为趋势线的有效性就越能得到确认，用它进行预测就越准确有效。另外，这条直线延续的时间越长，就越具有有效性。

一般来说，趋势线有两个作用：一是对价格今后的变动起约束作用，使价格总保持在这条趋势线的上方（上升趋势线）或下方（下降趋势线），实际上，就是起支撑和压力的作用。二是趋势线被突破，就说明股价下一步的走势将要反转。越重要，越有效的趋势线被突破，其转势的信号越强烈。被突破的趋势线原来所起的支撑和压力作用，现在将相互交换角色，如图 7-12 所示。

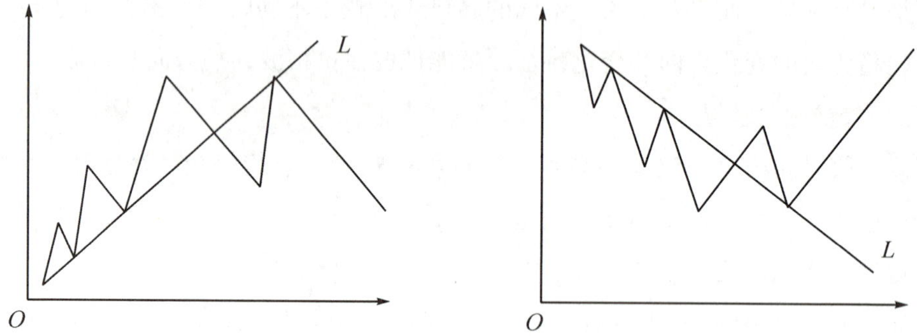

图 7-12　趋势线突破后起相反作用

（四）趋势线中买入股票的信号

一般来说，股价向上突破下降趋势线是不错的买入信号：当股价持续下跌，经历了较长一段时间，跌幅也较大，形成了明显的下降趋势线后，股价忽然向上突破下降趋势线，并同时伴随着成交量的放大，这往往表示下跌行情已经结束，新一波的上升行情刚刚开始。

事实上，股价对下降趋势线的突破是否有效可以从以下几个方面进行判断：首先，股价穿越下降趋势线时，当日收盘价高于下降趋势线价位，并且在接下来的两三天内仍然高于下降趋势线；其次，股价向上突破下降趋势线时必须有成交量放大的支持，否则可能为假突破。

第三节 道氏理论

一、形成过程

道氏理论是技术分析的理论基础，许多技术分析方法的基本思想都来自道氏理论，该理论的创始人是美国人查尔斯·亨利·道。为了反映市场总体趋势，他与爱德华·琼斯创立了著名的道-琼斯平均指数。他们在《华尔街日报》上发表了有关证券市场的文章，经后人整理，成为人们今天看到的道氏理论。

二、主要原理

（一）市场平均价格指数可以解释和反映市场的大部分行为

市场平均价格指数反映了无数投资者的综合市场行为，包括那些有远见的以及消息灵通人士。平均指数在其每日的波动过程中包容消化了各种已知的可预见的事情，以及各种可能影响公司债券供给和需求的情况。

（二）市场的三种波动趋势

长期趋势，又称主要趋势、原始移动，一般指持续一年或多年的市场变化趋势，其间或为长期上涨的多头市场，或为长期下跌的空头市场。

中期趋势，又称次要趋势、次级运动，它发生在主要趋势的过程之中，是长期趋势中的反动作用，亦即中间性的离心变化。

短期趋势，又称日常波动，一般指短则数小时，长则数天的波动。短期趋势由于时间持续太短，因此它除了对一些短期投资者从事买卖活动有意义外，对中长期投资者意义不大。

（三）主要趋势有三个阶段

第一阶段是建仓阶段（或积累阶段），在这一阶段，有远见的投资者知道尽管现在市场萧条，但形势即将扭转，因此就在此时购入了那些勇气和运气都不够的卖方所抛出的股票，并逐渐抬高其出价以刺激抛售。

第二阶段是一轮稳定的上涨，交易量随着公司业务逐渐上升、市场人气的汇聚不断增加，同时公司的盈利开始受到关注，也正是在这一阶段，技巧娴熟的交易者往往会得到最大收益。

随着公众蜂拥而上的市场高峰的出现，第三阶段来临，这一阶段所有信息都令人乐观，价格惊人地上扬，并不断创造“崭新的一页”，新股不断大量上市。

（四）两种平均价格指数必须相互加强

道氏理论认为，工业平均指数和运输平均指数必须在同一方向上运动时，才可确认某一市场趋势的形成。

（五）趋势必须得到交易量的确认

交易量是重要的附加信息，交易量应在主要趋势的方向上放大。

（六）趋势形成后将持续

一个趋势形成后将持续，直到趋势出现明显的反转信号，这是趋势分析的基础。然而，确定趋势的反转却不太容易。

三、道氏理论的应用及应注意的问题

（一）技术分析必须与基本面的分析结合起来使用

对于刚刚兴起的不成熟的证券市场，由于市场突发消息较频繁，人为操纵的因素较多，因此仅靠过去和现在的数据、图表去预测未来是不可靠的。在中国的证券市场上，技术分析依然有较高的预测成功率。这里，成功的关键在于不能机械地使用技术分析。投资者除了在实践中不断修正技术分析参数外，还必须注意结合基本面进行分析。

（二）多种技术分析方法综合研判

切忌片面地使用某一种技术分析结果，投资者必须全面考虑各种技术分析方法对未来的预测，综合这些方法得到的结果，最终得出一个合理的多空双方力量对比的描述。实践证明，单独使用一种技术分析方法有相当大的局限性和盲目性。如果应用每种方法后得到同一结论，那么依据这一结论出错的可能性就很小；如果仅靠一种方法得到结论，那么结论出错的可能性就大。为了减少自己的失误，应尽量多掌握一些技术分析方法，掌握得越多越有好处。

（三）理论与实践相结合

前人和别人得到的结论要通过自己实践验证后才能放心地使用。由于证券市场能给人们带来巨大的收益，上百年来研究股票的人层出不穷，分析的方法各异，因此使用同一分析方法的风格也不同。前人和别人得到的结论是在一定的特殊条件和特定环境中得到的，随着环境的改变，前人和别人成功的方法自己在使用时也有可能失败。

第四节 波浪理论

波浪理论是技术分析方法的重要组成部分，是最神奇的理论。用波浪理论得出的一些结论和预测，在开始的时候可能被认为很荒唐，但过后却不可思议地被事实所证实。这里只简单介绍波浪理论的相关结果，详细内容可以参考相关的文献。

（一）波浪理论的形成过程和核心内容

波浪理论最初由艾略特发现并应用于证券市场，但他没有将这些结果形成完整的体系。直到 20 世纪 70 年代，柯林斯总结完善了艾略特及其后人的研究结果，出版了专著《波浪理论》，才使该理论“走红”。

艾略特受到价格上涨、下跌不断重复现象的启发，力图找出其上升和下降的周期性。波浪理论中的周期，时间长短可以不同，一个大周期之中存在小的周期，而小的周期又可以再细分成更小的周期，每个周期都以 8 浪结构的模式进行。在这 8 个过程完结以后，本周期结束，并进入另一个周期，新的周期依然遵循上述模式。这就是艾略特波浪理论的核心内容，是艾略特作为波浪理论的奠基人所做出的贡献。

（二）波浪理论的价格基本形态——8 浪结构图

图 7-13 是一个上升过程周期的 8 浪结构图。无论趋势是何种规模，8 浪的基本形态结构是不会变化的——前面是 5 浪结构，后面是 3 浪结构。这 8 浪分为主浪（propulsive wave）和调整浪（corrective wave），主浪是波动的主体，调整浪是对主浪的补充。主浪和调整浪的地位是相对的，需要考虑所观察的范围。

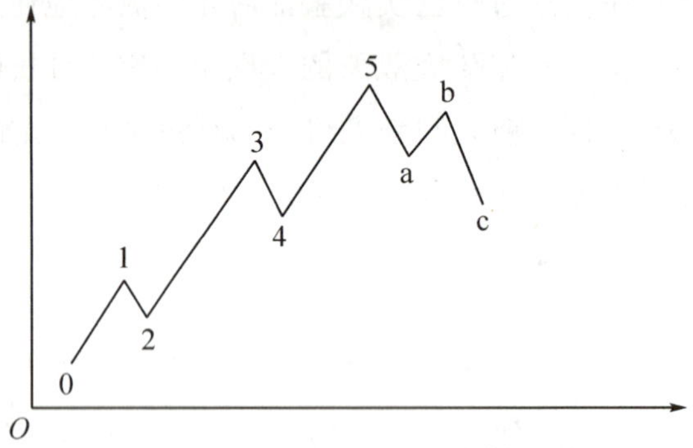

图 7-13　波浪理论的 8 浪结构图

调整浪的运行方向与比它高一层次的浪的趋势方向不同，它是对主浪的调整和补充。例如，8 浪结构中的 2 浪、4 浪是调整浪，由 a、b、c 三浪组成的大浪是对由 1 浪到 5 浪组成的大浪的调整浪。

（三）浪的合并和浪的细分——波浪的层次

波浪理论考虑价格形态的时间和空间跨度是不受限制的，必然会遇到将大浪分成很多小浪和将很多小浪合并成大浪的问题，这就涉及一个浪所处的层次。

处于较低层次的几个浪可以合并成一个较高层次的大浪，而处于较高层次的一个浪又可以细分成几个较低层次的小浪，层次的高低和浪的大小是相对的。相对于高层次浪，就是小浪，相对于低层次浪，就是大浪。图 7-14 是浪的细分和合并的图形表示。

最高层次是从 L 到 H 的第一大浪和从 H 到 L2 的第二大浪，共 2 浪。第一大浪和第二大浪可以分成（1）、（2）、（3）、（4）、（5）、（a）、（b）、（c）共 8 浪，这是第二层次的浪。第二层次的大浪又可以细分成图中的 1、2、3、4、5、a、b、c 的第三层次的小浪，共 34 个。

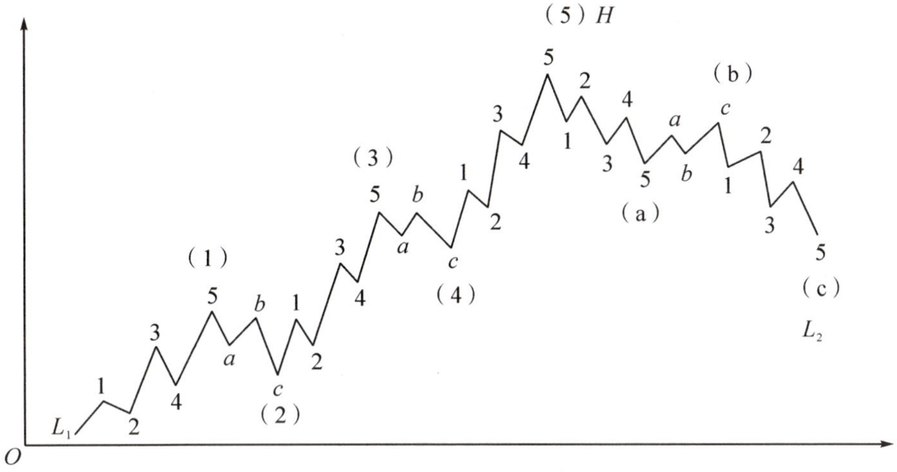

图 7-14　波浪的细分和合并

（四）斐波那契数列与波浪的数目

斐波那契数列在波浪理论的数浪中，有不可忽视的作用。从图 7-14 可以看到，第一大浪由 5 浪组成，同时又由更小的 21 浪组成，第二大浪由 3 浪组成，同时又由更小的 13 浪组成。第一大浪、第二大浪为 2 浪，它们由 8 个浪组成，同时又由 34 个更小的浪组成。如果将最高层次的浪相加，还可以看到比 34 个大的斐波那契数列中的数字。

数字 2，3，5，8，13，21，34，…就是斐波那契数列中的数字。它们的出现不是偶然的，这是艾略特波浪理论的数字基础，正是在这一基础上，才有波浪理论的发展。

（五）应用波浪理论预测

波浪理论对价格波动的全过程进行了说明，如果明确了当前价格在 8 浪结构中的位置，就可以预测未来了。例如，如果发现了一个 5 浪结构，而且目前处在这个 5 浪结构的末尾，就能清楚地知道将出现一个 3 浪结构的调整浪。

第五节 量价关系理论

一、成交量与股价趋势——葛兰碧九大法则

（1）价格随着成交量的递增而上涨，为市场行情的正常特性。

（2）在一个波段的涨势中，股价随着递增的成交量而上涨，突破前一波的高峰，创下新高价，继续上扬。然而，此段股价上涨的整个成交量水准却低于前一个波段上涨的成交量水准。此时股价创出新高，但量却没有突破，则此段股价涨势令人怀疑，同时也是股价趋势潜在反转的信号。

（3）股价随着成交量的递减而上升，股价上涨，成交量却逐渐萎缩。成交量是股价上升的原动力，该力不足表明股价趋势潜在的反转信号。

（4）有时股价随着缓慢递增的成交量而逐渐上升，渐渐地，走势突然成为垂直上升的喷发行情，成交量急剧增加，股价跃升暴涨；继之而来的是成交量大幅萎缩，同时股价急速下跌。这表明涨势已到末期，上升乏力，趋势有反转的迹象。反转的意义，将视前一波股价上涨幅度的大小及成交量增加的程度而定。

（5）股价走势因成交量的递增而上升，是正常现象。

（6）在一波段的长期下跌形成谷底后，股价回升，成交量并没有随股价上升而递增，股价上涨欲振乏力，然后再度跌落至原先谷底附近，或高于谷底。当第二谷底的成交量低于第一谷底时，是股价将要上升的信号。

（7）股价往下跌落一段相当长的时间，市场出现恐慌性抛售，此时随着日益放大的成交量，股价大幅度下跌。继恐慌性卖出之后，预期股价可能上涨，同时恐慌性卖出所创的低价，将不可能在极短的时间内突破。因此，随着恐慌性大量卖出之后，往

往是空头市场的结束。

（8）股价下跌，向下突破股价形态、趋势线或移动平均线，同时出现了大成交量，是股价下跌的信号，明确表示出下跌的趋势。

（9）当市场行情持续上涨数月后，出现急剧增加的成交量，而股价却上涨无力，此为股价下跌的先兆。股价连续下跌之后，在低位区域出现大成交量，而股价却没有进一步下跌，仅出现小幅波动，此即表示进货，通常是上涨的前兆。

二、涨跌停板制度下的量价关系分析

在实行涨跌停板制度下，大涨（涨停）和大跌（跌停）的趋势继续下去，是以成交量大幅萎缩为条件的。

在涨跌停板制度下，若跌停，买方寄希望于明天以更低价格买入，因而缩手，结果在缺少买盘的情况下成交量小，跌势反而不止；相反，如果收盘仍为跌停，但中途曾被打开，成交量放大，说明有主动性买盘介入，跌势有望止住，盘升有望。

涨跌停板制度下，量价关系有变化，基本判断为：①涨停量小，将继续上扬；跌停量小，将继续下跌；②涨停或跌停途中被打开的次数越多、时间越久，成交量越大，越有利于反转；③涨停或跌停关门的时间越早，次日继续原来方向的可能性越大；④封住涨停或跌停的成交量越大，继续原来方向的概率越大。如何判断是否为庄家操纵：如果存在频繁挂单、撤单，涨跌停经常被打开，当日成交量很大，此时很有可能是被庄家操纵；反之则不是。

第六节 技术指标分析

一、MACD（异同移动平均线）

（一）用途

MACD 称为异同移动平均线，由短期指数移动平均线（EMA2）减去长期指数移动平均线（EMA2s）得到短线 DIF，再由两者作差，得到 MACD 柱。MACD 的意义在于，由长期和短期指数移动平均线的离散、聚合表征当前的多空状态和股价可能的发展变化趋势。MACD 由负变正，是做多信号。MACD 由正变负，是做空信号。MACD 以大角度变化，表示快速移动平均线和慢速移动平均线的差距非常迅速地拉开，代表了市场大趋势的转变。

（二）使用方法

投资者在运用 MACD 方法时，是利用离差值（DIF）与平滑移动平均线（DEA）两条线的相互交叉进行投资决策的。当 DIF 线向上突破 DEA 线时就是涨势点，称为“金叉”，即买入信号；相反，当 DIF 线向下跌破 DEA 线时就是跌势点，称为“死叉”，即卖出信号。由于移动平均线涉及的时段相对较长，因此 MACD 通常用于判断中期或者长期的涨跌趋势。

一般来说，在持续的上涨行情中，12 日 EMA 在 26 日 EMA 上，其间的正差离值会逐渐增加；相反，在持续的下跌行情中，正差离值可能变为负值，而且负差离值会逐渐减小；所以，当行情开始反转时，正（或负）差离值将会变小。MACD 理论就是以正（负）差离值与其 9 日平滑移动平均线的交点作为判断买卖信号的依据。

（三）计算公式

MACD 指标是由 DIF 与 DEA 之间的差值计算得来的，DIF 与 DEA 是通过在 EMA 指标的基础上计算得来的。因此 MACD 指标的核心在于计算 EMA 的长期与短期指数移动平均线，通过进行加权平均得到最终指标。在此，我们将整个计算过程分为以下几步：

（1）计算移动平均值 EMA。

$$\mathrm{EMA}_{12,t}=\frac{11}{12+1}\mathrm{EMA}_{12,t-1}+\frac{2}{12+1}P_t$$

$$\mathrm{EMA}_{26,t}=\frac{25}{26+1}\mathrm{EMA}_{12,t-1}+\frac{2}{26+1}P_t$$

P_t为今日收盘价，$\mathrm{EMA}_{12,t-1}$为昨日 EMA（12）值。

（2）计算离差值 DIF。

$$\mathrm{DIF}_t=\mathrm{EMA}_{12,t}-\mathrm{EMA}_{26,t}$$

（3）计算平滑移动平均线 DEA。

$$\mathrm{DEA}_t=\frac{8}{10}\mathrm{DEA}_t+\frac{2}{10}\mathrm{DIF}_t$$

二、KDJ（随机指标）

（一）用途

随机指标是股市中最为重要的指标之一，最早起源于期货市场，并受到广泛关注。随机指标在引入证券市场后，也给广大股票投资者带来了巨大的收益。目前，这个指标已经成为中国证券市场上广泛使用的指标。

（二）使用方法

随机指标考虑的不仅是收盘价，而且考虑近期的最高价和最低价，这就避免了仅考虑收盘价而忽视真正波动幅度的弱点。使用了平滑技术后，能使结论更加可靠。

随机指标的不足之一是在出现一些情况时，随机指标无能为力。该指标最大的盲区是当随机指标从低位经过一段时间第一次到达高位或从高位下到低位时，容易出现误判。这是我们在此向使用随机指标的投资者提出的最大忠告。

当随机从顶（或从底）中途不经过曲折地达到低位或高位时，随机指标将形成第一个峰或第一个谷，这个时候极易出现误判。若真的遇到了这种情况，建议不要理会随机指标，而是使用别的方法。

随机指标的另一个不足是在顶部或底部的钝化。由于计算公式的限制，在顶部或底部，随机指标对价格的反应极为迟钝，往往是价格上涨或下降了很多，而随机指标才动一点点，因此无法提供买入卖出的合理价位。这个弱点是没有办法的事情，我们应充分认识到随机指标的这个不足，以避免发生错误。

在行情火爆的时候，随机指标指出的顶背离有时需要等待很长的时间，往往要等到出现第二次顶背离时才采取行动，而到随机指标依次形成从上向下的三个峰时才真正行动。本章的第一节曾指出，技术指标只能胜任战术决策的任务，随机指标也不例外。除此之外，在价格进入整理阶段时，随机指标一般无法提供有用的信息。

最后，应该说明的是，上述所有关于随机指标的应用法则都是针对日线的；对于不同周期的随机指标，在使用上要做相应的调整，在变动之后才能用。

（三）计算方法

计算随机指标共分为三个步骤。

（1）计算未成熟随机值 RSV（row stochastic value），计算公式如下：

$$RSV(n) = (C - L_n)/(H_n - L_n) \times 100$$

其中，C 是当天的收盘价；H_n 和 L_n 是最近 n 日内（包括当天）出现的最高价和最低价。从上式可以看出，RSV 实际上就是威廉指数（WMS）的另一个计算公式，可能是这两个指标产生的途径不同，因而各自取了不同的名称，这里的 n 是随机指标的第一个参数。

（2）对 RSV 进行指数平滑，得到 K 指标，计算公式如下：

$$K_{n+1} = (1 - \alpha) \times K_n + \alpha \times RSV_{n+1}$$

$$今日 K 值 = (1-\alpha) \times 昨日 K 值 + \alpha \times 今日 RSV$$

其中，α 是平滑因子，是可以人为选择的数字，这是计算 K 的第二个参数。这个参数目前已经约定俗成，$\alpha = 1/3$ 已经较为固定。

（3）对 K 指标进行指数平滑，就得到 D 指标，计算公式如下：

$$D_{n+1} = (1-\beta) \times D_n + \beta \times K_{n+1}$$

$$今日 D 值 = (1-\beta) \times 昨日 D 值 + \beta \times 今日 K 值$$

其中，β 是平滑因子，是可以人为选择的数字，这是计算 D 的第三个参数。β 参数目前也已经约定俗成，$\beta=1/3$ 已经较为固定。

三、RSI（相对强弱指标）

（一）用途

相对强弱指标（relative strength index，RSI）是同随机指标齐名的常用技术指标，RSI 的发明者是 J. 小韦尔斯·怀尔德（J. Welles Wilder）。RSI 是从固定长度时期内价格上升和下降的整体波动情况，推测买卖力量的大小，进而判断价格未来的变动方向，并根据价格涨跌幅度显示市场的强弱。

（二）使用方法

RSI 的参数是选择的交易日天数，即考虑的时期长度，参数一般有 5、9、14 等几种选择。RSI 的参数与前面介绍的 WMS 的参数有些类似，也是表示时间范围的参数。

（三）计算公式

确定了参数后，计算 RSI 一共分为三个步骤。下面将以参数等于 5 为例，具体介绍 RSI（5）的计算方法，其余参数的计算方法与此相同。

第一步，计算价差。首先得到包括当天在内的连续 6 个交易日的收盘价。然后，以每个交易日的收盘价减去上一个交易日的收盘价，就得到 5 个数字——价差（change），这 5 个价差数字有正（比前一天高）也有负（比前一天低）。

第二步，计算总上升波动 A、总下降波动 B 和总波动（$A+B$）。

$$A=5\text{ 个价差数字中的正数之和}$$

$$B=5\text{ 个价差数字中的负数之和}\times(-1)$$

请注意，A 和 B 都是正数。

第三步，计算 RSI。

$$\mathrm{RSI}(5)=A/(A+B)\times 100$$

计算结果如表 7-2 所示。请注意，有两种可能的结果。从数学上看，A 表示五天之内价格向上的波动总量，B 代表五天之内向下波动的总量，$A+B$ 表示价格总的波动量。RSI 实际表示向上波动的总量在总的波动量中所占的百分比，如果占的比例大就是强市，否则就是弱市。

表 7-2 计算结果

日期	收盘价	价差	A	B	RSI（5）
1	2.3	— 或 0	—	—	—
2	2.4	0.1	—	—	—
3	2.5	0.1	—	—	—
4	2.34	— 0.16	—	—	—
5	2.28	— 0.06	—或 0.2	—或 0.22	—或 47.619
6	2.29	0.01	0.21	0.22	48.837

在介绍 RSI 的过程中还要涉及相对强度 RS 的概念，它的计算公式为

$$RS=A/B$$

通过很简单的数学推导就可得到 RSI 的计算公式：

$$RSI=100-100/(1+RS)$$

很显然，RSI 的计算只涉及收盘价，并且可以选择不同的参数，RSI 的取值介于 0～100。

四、WR（威廉指标）

（一）用途

这个指标是由拉里·威廉斯（Larry Williams）于 1973 年首创的，最初用于期货市场。WMS 取值的大小表示市场当前的价格在过去一段时间内所处的相对高度，进而指出价格是否处于超买或超卖的状态。

（二）使用方法

1. 从 WR 的绝对取值方面考虑

从公式可知，WMS 的取值介于 0～100，可以 50 为中轴线将其分为上下两个区域：

（1）当 WMS 低于 10，即处于超买状态，行情即将见顶，应当考虑卖出。

（2）当 WMS 高于 90，即处于超卖状态，行情即将见底，应当考虑买入。

简单地说，WMS 是高吸低抛，这里 90 和 10 只是一个经验数字，不是绝对的。实际中，WMS 大于 90 或低于 10 的现象随处可见，不同的情况会产生不同的买进线和抛

出线，投资者要根据具体情况，在实战中不断摸索。有一点应该说明，在中国证券市场，普遍不使用 WMS 的这个用法，因为 WMS 的波动过于频繁。

2. 从 WR 的曲线形状考虑

撞顶和撞底的次数是使用 WMS 最为“可靠”的原则，因为 WMS 的波动过于频繁，需要耐心地多等几次撞顶或撞底：

（1）WMS 连续几次撞到或接近撞到顶部 100（或底部 0），局部将形成双重或多重顶（底）、头肩顶或头肩底，此时是买入（或卖出）的信号。

（2）WMS 撞顶和撞底的次数至少为 2 次，至多为 4 次。也就是说，如果投资者发现 WMS 已经是第四次撞顶或撞底，那么就不应该犹豫了，应该采取行动。这里将遇到数“次数”的问题，这带有一定的主观性，因为并不是 WMS 必须等于 100 或 0 才算是撞顶或底，有时可以差一点。

（三）计算方法

WMS 的计算公式如下：

$$WMS(n) = (H_n - C)/(H_n - L_n) \times 100$$

其中，C 是当天的收盘价；H_n 和 L_n 是最近 n 日内(包括当天在内) 出现的最高价和最低价。

五、ROC（变动率指标）

（一）用途

变动率指标的特点是计算在每个交易日中两种价格相距的远近程度，即两种价格之间的距离。从不同时期两个位置上价格差距的变化，我们可以发现原来的上升（或下降）力量是否得到保持，进而判断原来的上升（下降）趋势是否能够延续。

从价格的变动幅度来预测行情。这里的技术指标所指的价格变动是与前几日的价格进行比较。这个指标的基本原理是判断价格突破支撑线或压力线是否成功的有力工具。

（二）使用方法

根据 ROC 的特性，我们可以按以下的法则应用 ROC。为了更好地应用 ROC，我们将引入另一个技术指标——ROCAVG（ROC 的移动平均），这个技术指标是 ROC 的移动平均值。ROC 的使用通常从以下三个方面考虑：

（1）从 ROC 的取值方面。ROC 自上而下跌破 0，是卖出信号；相反，ROC 自下而上穿过 0，是买进信号。或者说，ROC 由正变负卖出，ROC 由负变正买入。这是由 ROC 描述价格变动速率的特性而决定的。

（2）从 ROC 与 ROCAVG 的相对取值方面。后者是前者的移动平均，这两个指标的关系就如同价格与 MA 的关系一样。正因如此，ROC 上穿 ROCAVG 并且 ROC 为正值时，是买入信号。同理，ROC 下穿 ROCAVG 并且 ROC 为负值时，是卖出信号。

（3）从 ROC 与价格的背离方向。ROC 有领先于价格的特性，所以可以考虑使用技术指标的背离。如果从高向低，ROC 曲线出现两个依次下降的峰，而此时价格却出现新的高峰，这就构成顶背离的现象。我们知道，这是卖出的信号。同理，ROC 从低向高形成依次上升的两个谷，而此时的价格却出现了新的低谷，这就形成底背离，是买入的信号。

（三）计算公式

变动率是计算当天的价格与此前某一个交易日价格变动速度的大小，并以此反映证券价格变动快慢程度的指标。ROC 又叫作变动速度指标或变化速率指标，从英文原文直译应该是变化率。

计算 ROC 的公式中只含有一个参数，即与多少天之前的价格进行比较，这个天数就是 ROC 的参数。ROC 的具体计算公式如下：

$$\mathrm{ROC}(n)=\frac{(C_0-C_{-n})}{C_{-n}}\times 100$$

其中，C_0 为现在（当天）的收盘价；C_{-n}，表示 n 天之前的收盘价，如 C_{-3} 表示 3 天之前的收盘价；n 是 ROC 的参数。

六、PSY（心理线）

（一）用途

每一次价格的上升和下降，都会引起人们的乐观与悲观，成交量和成交金额也随着这种乐观情绪和悲观情绪的变化而增大或缩小。

（二）使用方法

（1）在横盘整理的局面下，PSY 的取值应该在以 50 为中心的区域，上下限一般定为25和75。PSY的取值在25~75，说明多方和空方的力量对比基本处于平衡状态。如果PSY的取值超出了这个平稳状态，就属于超买或超卖状态。这时，投资者就应该注意了，要时刻准备采取行动。

（2）PSY的取值如果高得过头了或低得过头了，就是行动的信号。一般来说，如果PSY<10或PSY>90，就属于“过分”的行为，可以不考虑别的因素而单独采取买入或卖出行动，这种极端低或极端高的现象属于技术指标极端值的范畴。

（3）当PSY的取值第一次进入应该采取行动的区域时，往往容易出错，一般要等到第二次出现行动信号时，才比较保险。这一条本来是对全部技术分析方法都应该说明的，但它对PSY来说尤为重要，几乎每次PSY行动都要求PSY进入高位或低位两次才能真正称为安全。当PSY第一次低于25或高于75，如果马上采取买入或卖出行动，一般都会出错。

（4）PSY的曲线如果在低位或高位出现W底或M头，这也是买入或卖出的行动信号。高位头肩顶和低位头肩底形态对PSY也适用，这属于技术指标形态的范畴。

（5）PSY应该与价格曲线配合使用，这样更能从价格的变动中了解超买或超卖的情形。在与价格的配合过程中，我们有时会发现PSY与价格出现背离的现象，这也是行动的信号，属于技术指标背离的范畴。

（三）计算公式

PSY的计算公式异常简单，即

$$\mathrm{PSY}(n)=\frac{A}{n}\times 100$$

其中，n表示时间区间的长度，也就是天数。

七、OBV（能量潮）

（一）用途

OBV（on balance volume），中文名称直译是平衡交易量。有些人把每一天的成交量看得像大海里的潮汐一样，形象地称OBV为能量潮。OBV是格兰维尔（Granville）发明，之后得到了广泛的流行。投资者可以利用OBV验证当前价格走势的可靠性，还可以由OBV得到趋势可能反转的信号，这对于预测未来走势是很有用的。比起单独使用成交量，OBV 比成交量看得更清楚。

（二）使用方法

OBV 类似于自然界中的潮涨潮落。事物在向前发展的过程中总是有曲折的，不会一帆风顺，正如海浪在向前推进时，中途还有潮落的现象。如果每次向前的浪潮总比向后的浪潮大，那么整个趋势还是向前的。若将证券市场的价格波动比喻成一个潮水的涨落过程，那么多方力量大，则向上的潮水就大，中途回落的潮水就小。衡量潮水大小的标准是成交量：成交量大，潮水的力量就大；成交量小，潮水的力量就小。每一天的成交量都可以理解成潮水，但这股潮水是向上还是向下，是保持原来的方向，还是中途回落？这个问题就由当天收盘价与前一个交易日收盘价的比较来决定：

（1）如果今收盘价≥前收盘价，则这一潮水属于多方的潮水。

（2）如果今收盘价≤前收盘价，则这一潮水属于空方的潮水。

“潮涨潮落”反映多方和空方力量对比的变化和最终将向何处去，这就是 OBV 的基本原理，也是 OBV 又叫能量潮的原因。OBV 的实际波动曲线会出现众多的“N”字形，逐渐向上的“N”字形说明上升的力量，逐渐向下的“N”字形说明下降的力量。

（三）计算公式

OBV 的计算公式很简单：首先，假设已经知道了前一个交易日的 OBV 值，然后计算当天的 OBV，计算所依据的是当天的成交量以及当天收盘价与前一个交易日收盘价比较的结果。其数学公式如下：

$$\mathrm{OBV}(n+1)=\mathrm{OBV}(n)+\mathrm{sgn}\times V(n+1)$$

今日的 OBV 值=昨日的 OBV 值+sgn×今日的成交量

其中，V 表示的是成交量 volume；sgn 为 sign 的缩写，在数学上表示符号，sgn 可能是+1，也可能是-1。

在这里，sgn 的取值由下式决定：

$sgn=+1$　　如果今收盘价 ≥ 前收盘价

$sgn=-1$　　如果今收盘价 < 前收盘价

成交量是成交证券的手数，不是成交金额。我们要明确这两个概念的区别，虽然它们都表示了“量”方面的因素。需要说明的是，计算 OBV 不需要参数。

（四）注意事项

OBV 的应用有很多特殊的地方，在多数情况下，其信号不容易被理解和判断。

（1）单从 OBV 的取值大小出发，不能得出任何结论，这是根据 OBV 的计算特点而得出的结论。正因如此，OBV 不能单独使用，必须与价格曲线相结合才能发挥其作用。

（2）OBV 只注重曲线的相对走势。计算 OBV 有一个选择初值的问题，也就是第一个 OBV 值如何求的问题。这个问题并不重要，因为我们关心的只是最近一段时间里 OBV 曲线的相对走势，而 OBV 的取值对分析是没有用处的。这一点在前面已有说明，广大使用 OBV 的投资者应该注意 OBV 的这个特征。

（3）OBV 对确认价格的趋势有重要作用。OBV 曲线的上升和下降对投资者进一步确认当前价格的趋势有很重要的作用，体现在下面两点：

①价格上升（或下降），而 OBV 也相应地上升（或下降），则我们可以更相信当前的上升（或下降）趋势。

②价格上升（或下降），而 OBV 并未相应地上升（或下降），则对目前的上升（或下降）趋势的认可程度就要大打折扣。这是背离现象，因为 OBV 已经提前告诉我们趋势后劲不足，有反转的可能。

（4）OBV 曲线的“N”字形。OBV 在波动过程中将形成连续的“N”字形。如果每出现一次“N”字形就当成一次上升（或下降）记录下来，那么这种记录的次数不能太多，经验估计为 5 次以上。如果达到 9 次，就一定要考虑反向的可能。

在对 OBV 曲线的“N”字形进行记录的时候，会遇到大“N”字形和小“N”字形的问题，这将影响到记录的数目，这一点有些类似于波浪理论中的数浪。小“N”字形的波动如果突破“N”字形的界限就是投资者要关注的时候。

八、SAR（停损点）

（一）用途

SAR（stop and reverse）称为止损转向指标。由于组成该线的点是以弧形的方式移动，有人也将 SAR 称为抛物线指标（parabolic）。这个技术指标在行情大涨和大跌时，可以正确帮助投资者控制贪心，控制无休止地期望出现更高和更低的价格。使用 SAR 可以尽量减少损失，但无法在最佳的价位买入或卖出，这一点应该引起投资者的注意。

（二）使用方法

SAR 是为避免过分贪心而设置的一种技术指标，它的基本思想为，当市场价格波动达到了某种情况，就必须买入或卖出了，不能再继续等待更低或更高的价位。

SAR 的实质就是多空立场的转变过程。当价格在止损点之上，投资者将手中的股票保留，此时他所持的态度是看多，是多方。但当价格跌破止损点之后，其行动是将手中股票抛出，此时他们所持的态度是看空，是空方。由多方变成空方完全是由价格是破止损点还是不破止损点而定，止损点成了多空转变的分界线，这也是 SAR 被称为止损转向指标的原因。

以上是以价格上升为例对 SAR 的构造原理进行的说明。对于价格下降的情况，也同样有止损转向问题。

价格不断下降，持币的投资者就应该考虑买入股票的问题。在允许卖空的市场，这时还有个何时“回买”（cover）的问题，这就涉及对价格最低点位置的判断：买早了，价格继续下跌；价格稍有抬头就去买，可能赶上一个局部的头顶；不去买，价格又可能再也不下落了，错过下一个机会。对于这两种担心，也可以设定一个止损点。当价格向上穿破这个止损点时，不加任何条件地买入，这是由空方变成多方的情况。

（三）计算公式

计算 SAR 要分两种情况：一种是在上升时，另一种是在下跌时。两种情况的计算方法差不多，以下一并介绍。计算 SAR 分为四个步骤：

第一步，确定这段时间是上升还是下降。先确定好价格的趋势，才知道应使用哪种止损方式。

第二步，确定第一天的 SAR 值 SAR（1），方法如下：

SAR（1）= 近期的最低价格，在上升情况下

SAR（1）= 近期的最高价格，在下降情况下

第三步，计算第二天的 SAR 值 SAR(2)，方法如下：

$$SAR(2)=SAR(1)+AF\times[EP(1)-SAR(1)]$$

第四步，逐步计算后面的 SAR 值 SAR(n)，方法是以下递推公式：

$$SAR(n)=SAR(n-1)+AF\times[EP(n-1)-SAR(n-1)]$$

（四）注意事项

当价格突破了 SAR 就是行动的信号：向下突破的时候卖出，向上突破的时候买入，

这是所有技术指标中叙述起来最简单的指标之一。不过，在实际应用时，我们应该注意以下三点。

（1）不一定非要等到价格突破了 SAR 才采取行动，有时可以提前。

（2）应用 SAR 最关键的是明确当前的价格波动是否存在趋势，无论是上升还是下降。当市场有明确趋势的时候，SAR 的使用效果非常明显。但是，当价格波动没有趋势而处于盘整局面时，SAR 几乎是不能使用的。价格盘整时，SAR 必然发出过多的信号，造成频繁的买卖行动，而且每次几乎都是小亏损，最后得到积小亏为大亏的结果。

（3）在技术指标中，SAR 属于比较难掌握的类型，它的使用法则属于技术指标的交叉。

九、EMV（简易波动指标）

（一）用途

EMV（ease of movement value）可译为简易移动值，其发明者是小理查德·W. 阿姆斯（Richard W. Arms），EMV 根据等量图（equivolume charting）的原理制作而成。

等量图应该属于 K 线类的分析方法，本书并不介绍等量图的具体使用，等量图的画法与 K 线类似。两者最大的区别是，每个交易日 K 线实体的宽度不是“等宽”的，其宽度由当日的成交量大小确定——成交量大的，实体的宽度就大。

（二）使用方法

从叙述的观点看，EMV 的使用方法非常简单，就是下面的两句话：

（1）当 EMV 由负数变成正数的时候，是买入的信号。

（2）当 EMV 由正数变成负数的时候，是卖出的信号。

这就表明，当 EMV 曲线与横轴相交的时候是买卖的信号，这种方式属于技术指标的交叉范畴。

价格在下降的过程中，由于多方不断萎缩、成交量逐渐减少，因而 EMV 的数值也会下降，从而远离 O 轴。直到价格下降到某个合理的支撑区域，供求关系将使得成交量再度放大，EMV 数值将向上攀升，当负值向上趋近于零时，有可能形成又一次买进的信号。这是第一句话所叙述的情况。

对于第二句话，我们可以这样理解。买进信号发生在 EMV 的数值由负值转为正值的瞬间。之后，价格将上涨，但如果成交量并不放大，而是缓慢地增加，那么这种适量稳定的成交量将促使 EMV 的数值向上攀升。由于在价格的顶部区域通常是成交量密集的地方，因此在出现大成交量时，EMV 数值会做出提前的反应而下降，并且逐渐趋近于零。最终，EMV 将由正值变成负值。此时，行情已可以确定正式反转，并发出卖出的信号。

为了使得 EMV 的信号更可靠，需要引进 EMVA 指标。EMVA 比 EMV 的信号更可靠，但是比较“迟缓”，两者各有优势。EMVA 的使用方法还是两句话：

（1）当 EMVA 由负数变成正数的时候，是买入的信号。

（2）当 EMVA 由正数变成负数的时候，是卖出的信号。

按照 EMV 的方式进行买卖，将引导投资者避免在人气旺盛的时候入场，并且可以引导投资者在成交量已渐显乏力而狂热的公众还没有警觉的时候退场。

（三）计算公式

EMV 由两部分组成：一是 EMV；二是 EMV 的移动平均 EMVA，主体是 EMV。计算 EMV 需要用到当天和前一个交易日的最高价格和最低价以及当天的成交量。其计算公式如下：

$$\mathrm{PR}=0.5\times(H+L)-0.5\times(\mathrm{YH}+\mathrm{YL})$$

$$\mathrm{PV}=\frac{\mathrm{volume}}{H-L}$$

$$\mathrm{EMV}=\frac{\mathrm{PR}}{\mathrm{PV}}$$

$$\mathrm{EMVA}(n)=\frac{\sum \mathrm{EMV}}{n}$$

其中，H 为当天的最高价；L 为当天的最低价；YH 为前一个交易日的最高价；YL 为前一个交易日的最低价；volume 是当天的成交量；n 是计算移动平均的参数。

第三篇

证券投资仿真实验指导

本篇对证券投资涉及的常用内容进行了仿真模拟实验，其中第八章对证券投资软件的安装、操作进行了指导，重点对股票模拟交易软件进行介绍。第九至十一章主要对证券投资技术指标实际操作、股票投资综合分析以及常规看盘的内容进行仿真模拟操作。第十三章对证券投资进行仿真实验介绍。第十三章对基金投资进行仿真实验介绍。第十四章对期货投资进行仿真实验介绍。

第八章 股票投资软件的使用

第一节 股票投资软件的介绍

一、实验目的

（1）了解股票投资软件的构成。

（2）了解股票市场的行情资讯和交易系统。

（3）了解股票投资软件的操作方法。

（4）理解大盘和分时走势图的含义。

（5）了解各个行情指标的作用和意义。

二、实验要求

（1）了解股票投资软件的基本功能。

（2）了解股票投资软件的系统结构和作用。

（3）熟练掌握股票投资软件的使用和操作技能。

三、实验内容与步骤

当前，在我国证券市场蓬勃发展的过程中众多证券公司推出了证券交易软件，如同花顺、大智慧、东方财富、通达信、证券之星等。尽管证券交易软件较多，但证券交易软件的操作基本相同，本章实验采用仿真模拟系统进行实验教学，以同花顺交易软件为例介绍其相关功能，具体实验内容与步骤如下：

（一）证券投资仿真软件简介及安装

（1）证券投资仿真软件简介。同花顺模拟炒股软件是一款虚拟仿真证券交易平台，全面覆盖手机、个人电脑客户端、网页三大平台，实现行情和买卖交易联动，采用真实的股票行情撮合成交。同花顺模拟炒股软件能够使广大学生在高度仿真的环境中直观、形象地理解所学的证券知识，并能亲自动手模拟交易，体会各种投资判断的最终结果，进而提高学生的投资判断力和风险承受力，对学生将来从事真正的交易有很好的指导意义。

（2）软件安装。在同花顺官方网站（https：//www. 10jqka. com. cn/）首页下载并安装 PC 客户端，注册、登录“同花顺”证券交易软件，如图 8-1 所示。

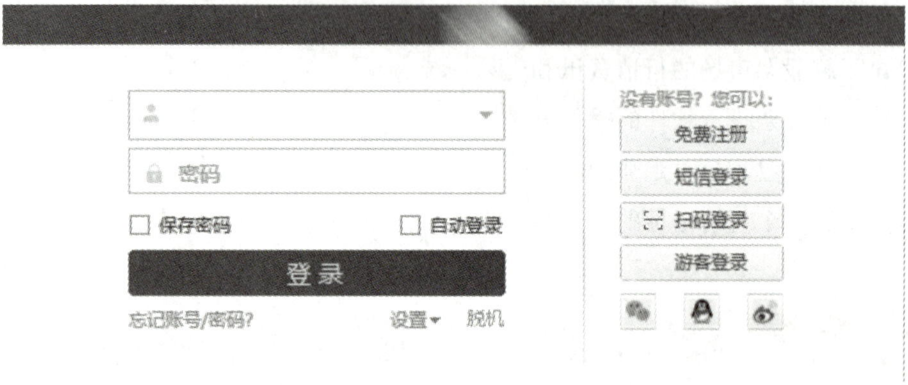

图 8-1 “同花顺”软件注册/登录界面

（二）软件界面的基本元素及功能介绍

1. 菜单栏介绍

登录“同花顺”客户端后，通过界面左上方菜单栏可以找到所有它能够实现的功能，如图 8-2 所示。该证券分析软件包括九个菜单项，具体情况如下：

（1）系统：包含软件的配置、版本说明、登录与退出等基本设置。

（2）报价：自选报价、指数行情报价、市场类型与板块的选择等。

（3）行情：基金、证券、期货、期权等行情资讯。

（4）分析：成交明细、个股资料、实时行情分析选择等。

（5）交易：委托交易、管理，模拟炒股、基金申购等功能。

（6）智能：智能分析异动股票、实时监控股市动向、规避投资风险等功能

（7）工具：设置、工具、辅助功能。

（8）资讯：自选股资讯、实时解盘等功能。

（9）帮助：帮助功能选择。

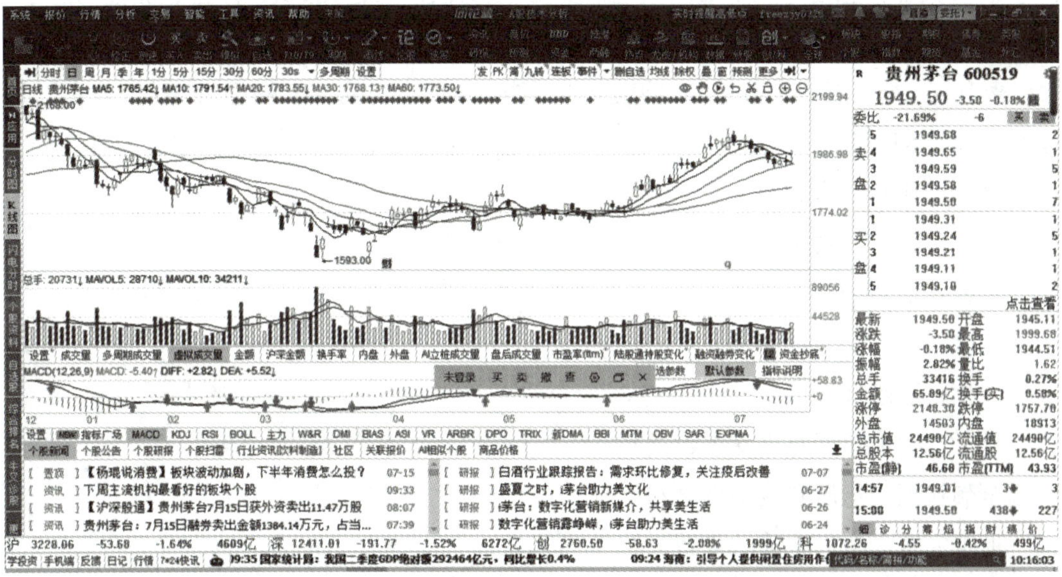

图 8-2 “同花顺”证券交易软件界面

2. 时事信息栏与指数信息栏

（1）如图 8-2 所示，画面底端倒数第一行即时事信息栏。时事信息栏显示当天的时事信息，为投资者提供操作帮助。

（2）图 8-2 画面底端倒数第二行即指数信息栏。其表示的信息内容如下：

“沪”表示上证指数，后面三个数字分别代表：沪指、涨跌、成交金额（亿），当

鼠标单击此处即可直接切换到上证指数分时走势图。

“深”表示深证成指，后面三个数字分别代表：深指、涨跌、成交金额（亿）。当鼠标单击此处即可直接切换到深证成指分时走势图。

“创”表示创业板指，后面三个数字分别代表：创业板指、涨跌、成交金额（亿）。鼠标单击此处即可直接切换到创业板指数分时走势图。

“科”表示科创 50，后面三个数字分别代表：科创 50 指数、涨跌、成交金额（亿）。鼠标单击此处即可直接切换到科创 50 指数分时走势图。

3. 数据信息窗口

数据信息窗口在交易软件界面的右上方，如图 8-3 所示，该窗口显示当天该品种的各种信息。下面分别介绍大盘数据信息窗口和个股信息窗口。

（1）大盘信息窗口显示的数据包括委比、成交、昨收、涨跌、开盘、涨幅、总手、金额、上涨家数、平盘家数等，如图 8-3 所示。

委比：（委买五档手数之和-委卖五档手数之和）/（委买五档手数之和+委卖五档手数之和）×100%。

最新：最新的指数。

昨收：昨天的收盘价。

涨跌：最新-昨收。

开盘：今日的开盘价。

涨幅：涨跌/昨收。

总手：到最近所有成交手数之和。

金额：到最近所有成交额之和。

上涨家数：最近上涨的家数。

下跌家数：最近下跌的家数。

平盘家数：最近平盘的家数。

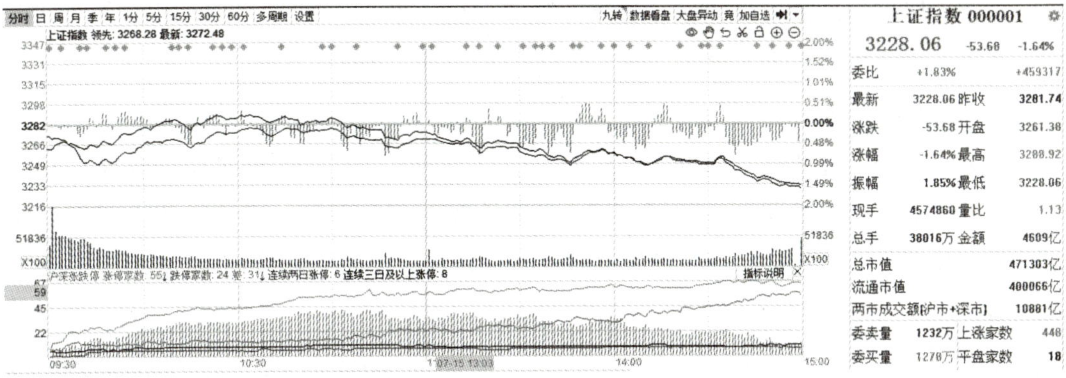

图 8-3 数据信息窗口

（2）个股信息窗口显示的数据包括卖盘、买盘、最新、开盘、量比、振幅、换手、总手等，如图 8-4 所示。

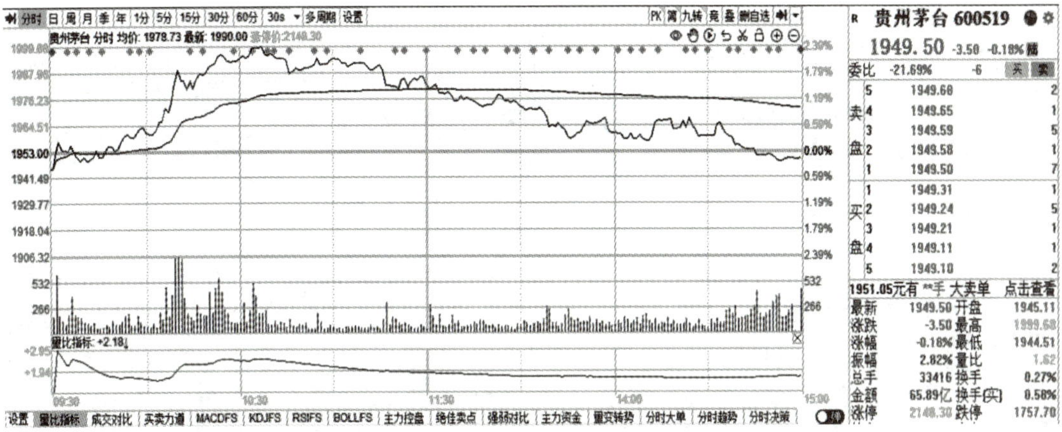

图 8-4 个股信息窗口

卖盘中的 1~5 表示该个股当前时刻委托卖出的最低价格、第二低、第三低、第四低、第五低。

买盘中的 1~5 表示该个股当前时刻委托买入的最高、次高、第三高、第四高、第五高价格。

开盘：该个股当日的第 1 笔成交价格。

量比：评价当日累计成交量的指标。

振幅：振幅 =（涨跌/昨收）×100 %。

换手：阶段内成交量/普通股股份总数。

总手：当日到最近 1 笔为止，该个股所有累计成交手数的总和。

（三）了解大盘领先指标和分时走势图

分时走势图又称即时走势图，是把股票市场中的交易数据实时地用连续曲线在坐标图上加以显示的技术图形。其中，横坐标是市场交易的时间，纵坐标的上半部分是股价或指数，下半部分显示的是成交量。分时走势图又分为指数分时走势图（图 8-5）和个股分时走势图（图 8-6）。

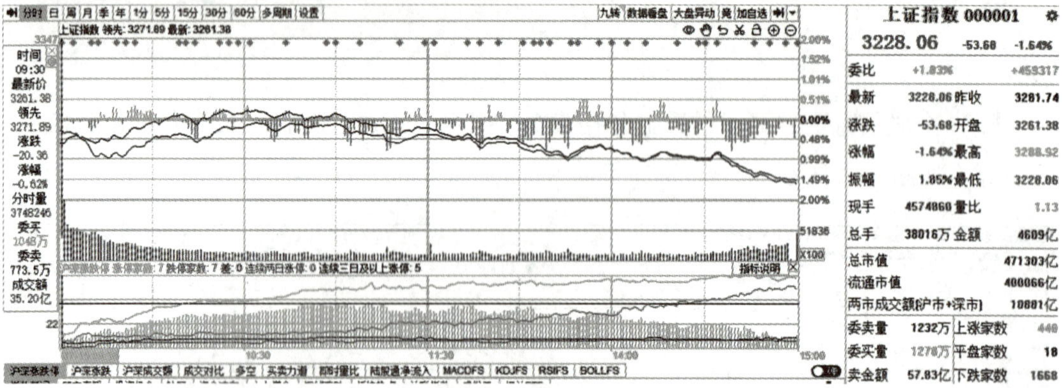

图 8-5　指数分时走势图

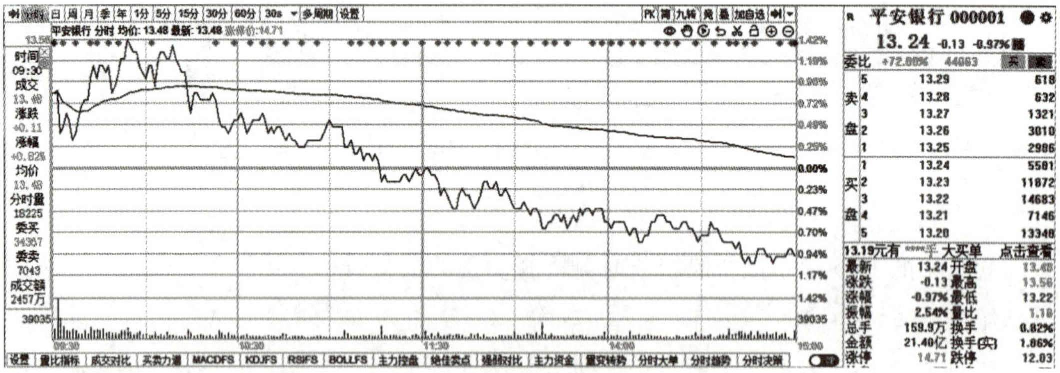

图 8-6　个股分时走势图

（四）掌握开盘价、收盘价、委比、量比、内盘、外盘的含义与运用

（1）前收盘价：前一交易日或前一天收盘前最后一笔交易的成交价格，反映多、空双方交战的结果。

（2）开盘价：当天交易开始时的第一笔成交价，目前沪深两市实行集合竞价。

（3）最高价：当天交易中的最高成交价格。

（4）最低价：当天交易中的最低成交价格。

（5）买进价：委托买入的价格。

（6）卖出价：委托卖出的价格。

（7）成交价：成交价有低于、等于买入价，高于、等于卖出价，在买入价和卖出价之间。

（8）成交量：全日成交的总量（股数、金额）。

（9）涨跌幅：涨跌幅=（现价-前收盘价）/前收盘价

（10）委比：委买手数与委卖手数之差除以委买手数与委卖手数之和。委比值大，买方比卖方强；反之，卖方比买方强。

（11）外盘：成交价是卖出价为外盘。

（12）内盘：成交价是买入价为内盘。

（13）成交明细表：每一分钟成交的明细。成交手数为红色表示股价高于前一天收盘价，成交手数为绿色表示股票价格低于前一天收盘价。

（14）分价表：截至目前的成交量依成交价列出成交在该价位的累计量。

（五）常用操作说明

1. 键盘精灵

界面右下方的输入框就是键盘精灵框，在右下角文本框中输入股票代码、拼音简称、中文，回车后能够查看不同股票的走势图。系统具有智能代码匹配功能（如要查看“贵州茅台”的股票走势，可输入拼音 GZMT 或中文“茅台”等进行选择）。

2. 市场选择及报价分析

我们可以通过主菜单或市场工具条上的相关项选择需要的市场，查看其报价分析。利用快捷键 1、2、3、4 可直接调出上海 A 股、上海 B 股、深圳 A 股、深圳 B 股的报价功能。

（1）按表格列排序。用鼠标点击报价中的表格列名，报表将按此表格列的降序排列；再次点击，将按此表格列的升序排列。

（2）直接查看个股走势。在报表中双击某只股票即可进入其分时走势或 K 线图界面。在个股界面按 ESC 键（或其他返回操作）可返回本界面。双击进入个股界面后，如果进行翻页（鼠标滚轮），则按本界面的股票排序方式改变股票，直到进行了其他改变股票范围的操作（如在键盘精灵中直接输入股票代码或名称切换到其他股票，进入其他报表页面等）。

（3）鼠标右键菜单。根据鼠标所在的位置，报价界面共有两组不同的右键菜单：在表头字段处的菜单是针对字段选择与设置的内容，在数据处的菜单是界面切换及个股操作的相关内容。

第二节 证券交易

一、实验目的

学生通过仿真的股票开户、委托下单等功能，模拟股票交易。该实验提供金融市场的行情资讯和交易，能够使学生把所学的各种股票知识在一个仿真的环境中得到直观、形象的验证，并能亲自动手模拟交易，体会各种投资判断的最终结果。

二、实验要求

（1）了解股票交易系统。

（2）设立股票和资金账户。

（3）理解并掌握证券交易的主要原则和规则。

（4）掌握股票交易的主要程序及操作环节。

三、实验内容与步骤

（一）打开证券交易软件，启动模拟炒股软件

打开“同花顺”证券交易软件，点击菜单栏“交易”按钮，选择“模拟炒股”，进入模拟盘登录页面，如图 8-7 所示。进入登录页面之后，在“自动判断”选项填写你的同花顺账号，“交易密码”处填写你的同花顺账号密码。初次登录还需要填写通信密码，可以选择填写验证码登录。

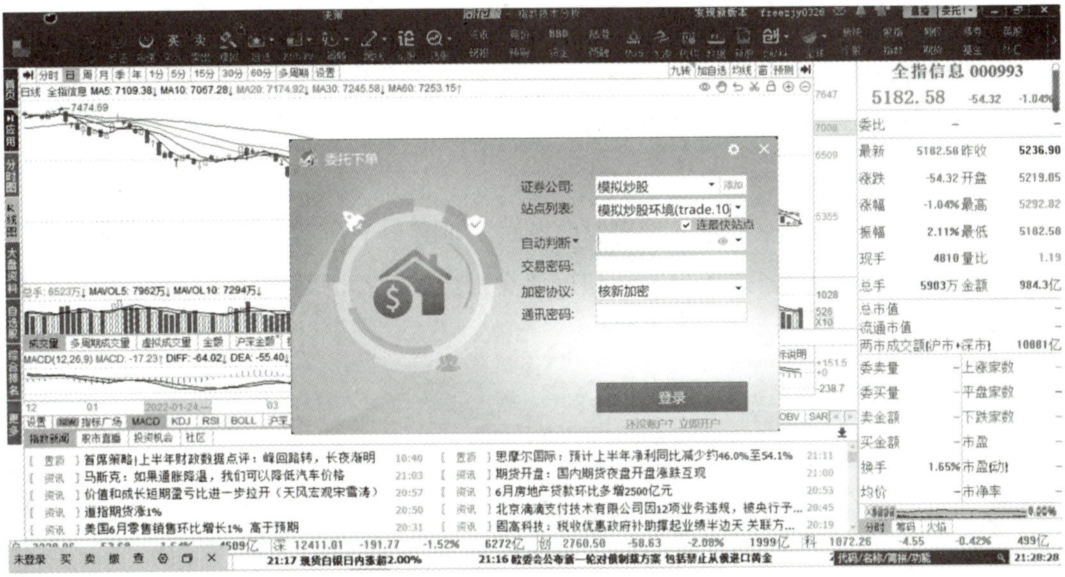

图 8-7　仿真模拟盘登录界面

（二）交易操作

1. 买入股票

（1）功能说明：主要实现买入股票的委托。

（2）操作说明：

点击【买入】按钮后，进入买入股票界面，如图 8-8 所示。输入证券代码、买入价格、买入数量后，点击“买入”按钮确认买入。

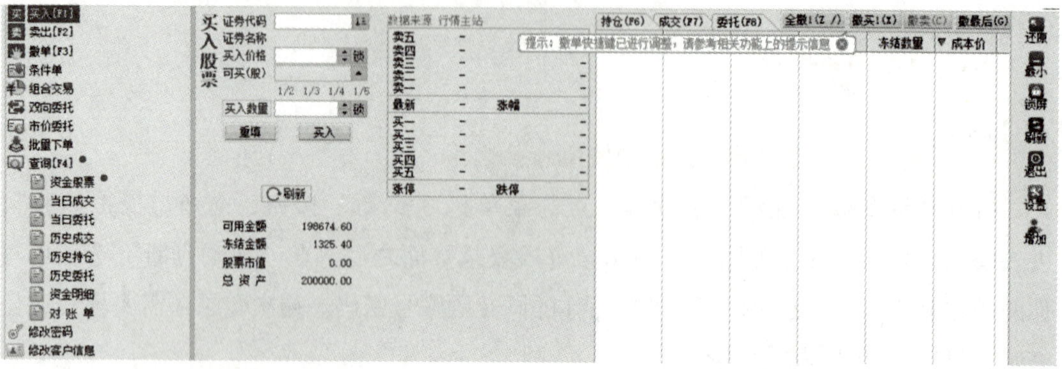

图 8-8 买入股票界面

2. 卖出股票

（1）功能说明：主要实现卖出股票。

（2）操作说明：

点击【卖出】按钮后，进入卖出股票界面，如图 8-9 所示。输入证券代码、卖出价格、卖出数量后，点击“卖出”按钮确认卖出。投资者也可直接选择持仓中的股票进行卖出。

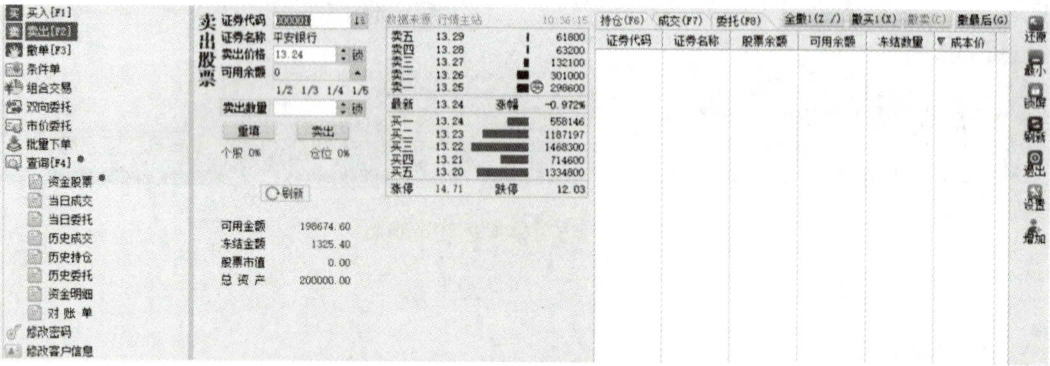

图 8-9 卖出股票界面

3. 撤单

（1）功能说明：显示出当日委托的未撤单的所有记录，可以完成撤单的操作。

（2）操作说明：点击【撤单】按钮后，系统将显示出当日委托的未撤单的所有记录，如图 8-10 所示。投资者通过全选或自己勾选需要撤单的记录，点击“撤单”按钮进行撤单，也可以点击“改单”重新输入价格进行交易。

图 8-10 股票撤单界面

4. 当日委托

（1）功能说明：显示当日委托股票的详细情况。

（2）操作说明：点击【当日委托】按钮后，系统将自动显示当日委托股票的详细情况，如委托时间、证券代码、证券名称、合同号、买卖方向、委托数量、委托价格、股票代码，如图 8-11 所示。

图 8-11 当日委托界面

5. 当日成交

（1）功能说明：显示当日委托股票的成交情况。

（2）操作说明：用鼠标点击【当日成交】按钮后，如果当日没有成交的记录，则会相应显示一个提示框，如图 8-12 所示。当日成交功能支持明细和汇总两种显示方式。

图 8-12　当日成交界面

6. 查询历史持仓

点击【历史持仓】按钮后，可以查询历史持仓记录，如图 8-13 所示。

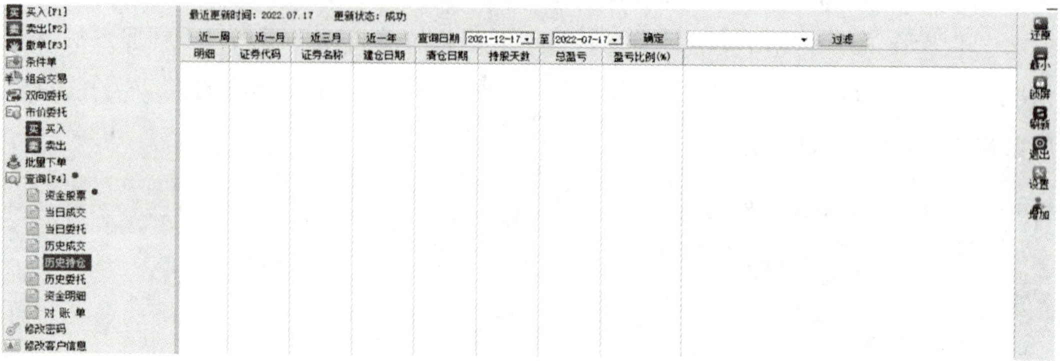

图 8-13　历史持仓界面

同样地，通过左侧菜单栏能够以同样的方法查询到历史委托、资金明细、对账单等信息。

四、实验操作任务

进行委托下单、查询、撤单、交割等工作。点击进入委托下单界面：学生输入自己感兴趣的股票代码，选择买入股票数为 1 000 股。同时练习撤单、查询交易信息等操作。

四、实验报告

学生须根据实验要求撰写实验报告。实验报告包括实验目的、实验要求、实验步骤以及实验结论四个主要部分。实验项目名称及要求如下：

（1）实验项目名称：股票交易软件的基本操作方法及流程。

（2）实验要求：下载安装股票交易软件，熟悉证券交易软件的基本功能，熟练掌握证券交易软件的使用和操作技能，熟练运用股票交易软件进行分析和交易。

第三节 K线形态分析

一、实验目的

K线形态分析是最基本的分析工具之一，学生通过K线图的分析，从这些形态的变化中探索出一些规律。从K线图中，投资者可以捕捉到买、卖双方力量对比的变化。根据K线图，投资者可以分析预测股价的未来走势。

二、实验要求

理解K线图的定义，掌握K线图的绘制方法，理解各种K线图的形态和意义，同时需要了解K线组合的分析。

三、实验内容与步骤

K 线理论发源于日本，是最古老的技术分析方法。1750 年，日本人就开始利用 K 线图来分析大米期货，后因其细腻独到的标画方式而被引入股票及期货市场。由于用这种方法绘制出来的图形颇似一根根蜡烛，加上这些蜡烛有黑白之分，因此又称其为阴阳烛。通过 K 线图，我们能够把每日或某一周期的市况表现完全记录下来。一根 K 线记录的是某只股票一天的价格变动情况，将每天的 K 线按时间顺序排列在一起，就组成这只股票从上市以来每天的价格变动情况，称为日 K 线图（图 8-14）。同理，可以得到周 K 线图、60 分钟 K 线图等。该项实验内容与步骤如下：

（一）打开股票分析软件的 K 线图

股票的日 K 线图如图 8-14 所示。

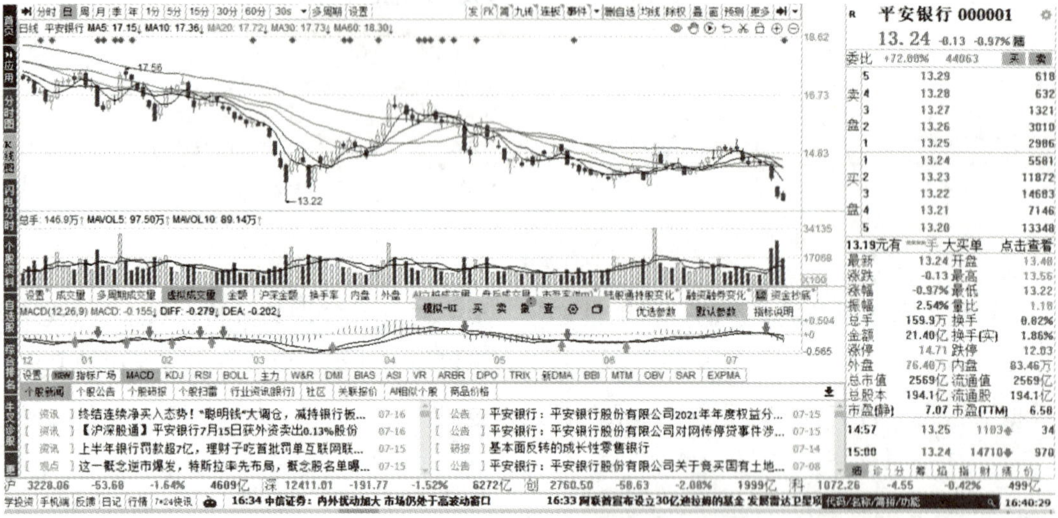

图 8-14 日 K 线图

（二）阴阳线的识别与绘制

首先，我们找出当日或某一周期的开盘价和收盘价，把这两个价位连接成一条狭长的长方柱体；其次，再找到该日或某一周期的最高价和最低价，垂直地与长方柱体连成一条直线。假如当日或某一周期的收盘价较开盘价高（低开高收），我们便以红色来表示，或是在柱体上留白，这种柱体就称为“阳线”。如果当日或某一周期的收盘价较开盘价低（高开低收），我们则以蓝色表示，或是在柱体上涂黑色，这种柱体就是“阴线”，如图 8-15 所示。

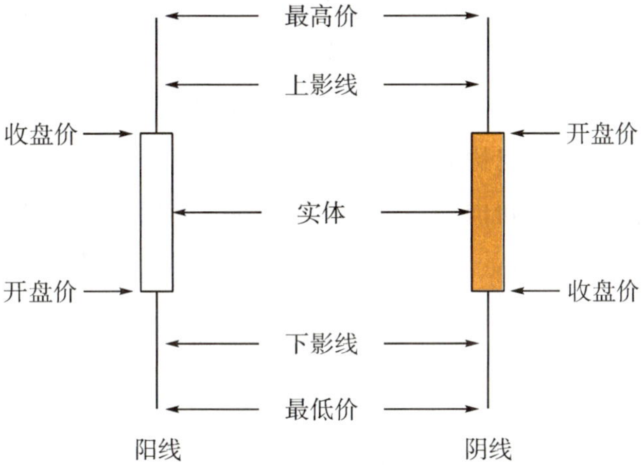

图 8-15　阴阳线

（三）进行 K 线图分析

1. K 线的基本形态

“阴阳线”变化繁多，“阴线”与“阳线”里包含着许多大小不同的变化。

我们以阳线为例，最高价与收盘价之间的部分称为“上影线”，开盘价与收盘价之间的部分称为“实体”，开盘价与最低价之间的部分称为“下影线”。面对形形色色的 K 线组合，初学者不禁有些为难，我们把 K 线法归纳为简单的三招：一看阴阳；二看实体大小；三看影线长短。

（1）“一看阴阳”。阴阳代表趋势方向，阳线表示继续上涨的动力强，阴线表示继续下跌的动力强。以阳线为例，在经过一段时间的多空交战后，收盘价高于开盘价表明多头占据上风，而阳线预示下一阶段继续上涨的动力强，最起码能保证下一阶段的初期能惯性上冲。因此，阳线往往预示着继续上涨的动力强，这一点也极为符合技术分析中三大假设之一的股价沿趋势波动，而这种顺势而为也是技术分析最核心的思想；同理可得，阴线继续下跌。

（2）“二看实体大小”。实体大小代表内在动力，实体越大，上涨或下跌的趋势越明显；反之，趋势越不明显。以阳线为例，其实体就是收盘价高于开盘价的部分，阳线实体越大说明上涨的动力越足，如同质量越大、速度越快的物体，其惯性冲力也越大的物理学原理一样。阳线实体越大，代表内在上涨动力越足，其上涨的动力将大于实体小的阳线；同理可得，阴线实体越大，下跌动力也越足。

（3）“三看影线长短”。影线代表转折信号，向一个方向的影线越长，越不利于股价向这个方向变动，即上影线越长，越不利于股价上涨，下影线越长，越不利于股价下跌。以上影线为例，在经过一段时间的多空斗争之后，多头终于败下阵来，不论K线是阴还是阳，上影线部分已构成了下一阶段的上档阻力，股价向下调整的概率较大；同理可得，下影线预示着股价向上攻击的概率较大。利用关于K线的简单三招，既可对日K线、周K线、月K线甚至年K线进行分析，也可对两根、三根甚至多根K线进行研判。前者可简单运用而后者是将多根K线叠加为一根K线，然后再进行研判。K线的基本形态，如图8-16所示。

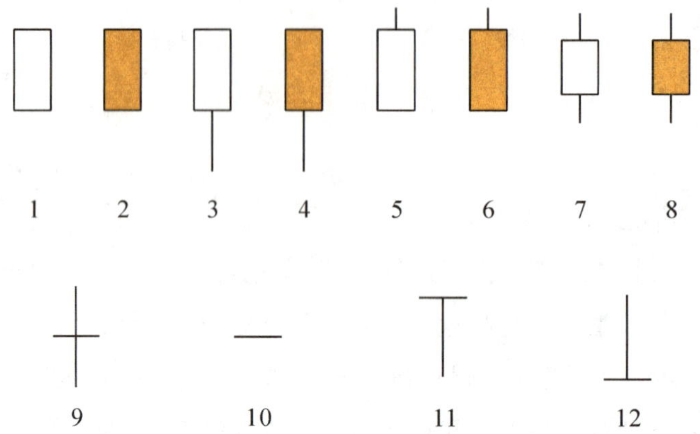

图8-16　K线的基本形态

2. K线组合形态分析

K线组合可以是单根的也可以是多根的，很少有超过5根或6根的组合。K线组合分为反转组合形态和持续组合形态两种，本实验列举其中的7种反转组合形态和1种持续组合形态。

（1）锤形线和上吊线

该组合形态可概述为：小实体在交易区域偏上的部分，实体的颜色是不重要的，下影线的长度应该比实体的长度长得多，通常是2~3倍，没有上影线或者上影线非常短，如图8-17所示。

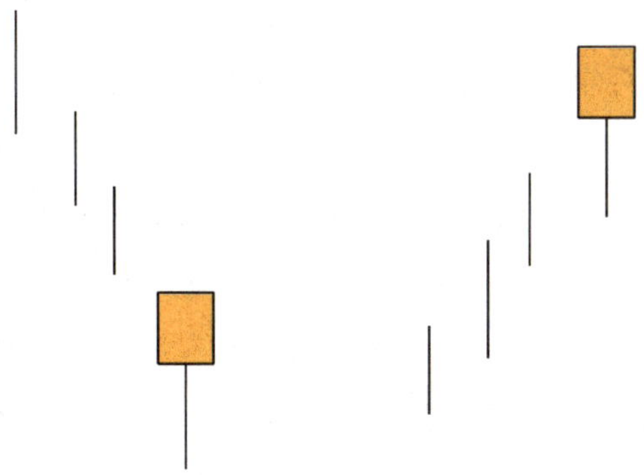

图 8-17　锤形线和上吊线

对于锤形线来说，市场已经处在下降趋势中，投资者在开盘后就疯狂卖出，但是这种趋势被遏制了，市场又回到了当天的最高点，减弱了熊市的感觉。第二天较高的开盘价和更高的收盘价将使锤形线的牛市含义得到确认。至于上吊线，由于它处在上升趋势中，通常被认为是牛市。当天的价格波动在开盘价之下，而后反弹，并产生长下影线。上吊线的熊市含义得到确认应该是因为第二天的开盘价较低。

（2）鲸吞型

该组合形态可概述为：本形态在出现之前一定有相当明确的趋势；第二天的实体必须完全包含第一天的实体；第一天的颜色反映趋势，黑色是下降趋势，白色是上升趋势；鲸吞型的第二根实体的颜色最好与第一天的颜色相反，见图 8-18。

对于熊市鲸吞型，上升趋势处在只有小成交量配合的小阳线实体发生的地方。第二天，开盘价出现新高，而后是迅速的卖出狂潮，并有大的成交量支持，最后的收盘价低于前一天的开盘价，表明上升的趋势已被破坏。如果第三天的价格仍然保持在较低的位置，那么上升趋势的小反转就已经发生了。牛市鲸吞型有相似的但相反的叙述。

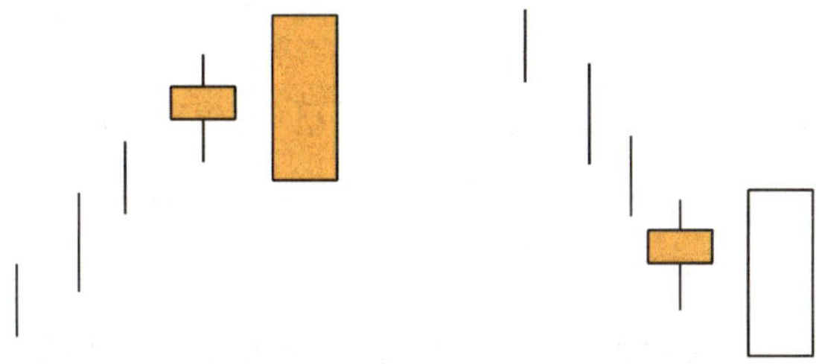

图 8-18　鲸吞型 K 线组合

（3）孕育型

该组合形态可概述为：在长实体之前有合理的趋势存在；第一天长实体的颜色最好是反映市场趋势的颜色；在长实体之后是小实体，它的实体被完全包含在长实体的实体区域之内；小实体的颜色最好与长实体的颜色相反，见图 8-19。

对于牛市孕育型，通常下降趋势已经进行了一段时间，而长阴线维持了熊市的含义。第二天，价格高开，动摇了空头对熊市的看法。市场价格的上升趋势被逐步加强，因为后来者把它当成一次机会来弥补他们在此前的失误，这一天的成交量超过前一天。第三天反转得到确认将提供必要的趋势反转的证明。对于熊市孕育型有相似的但相反的叙述。

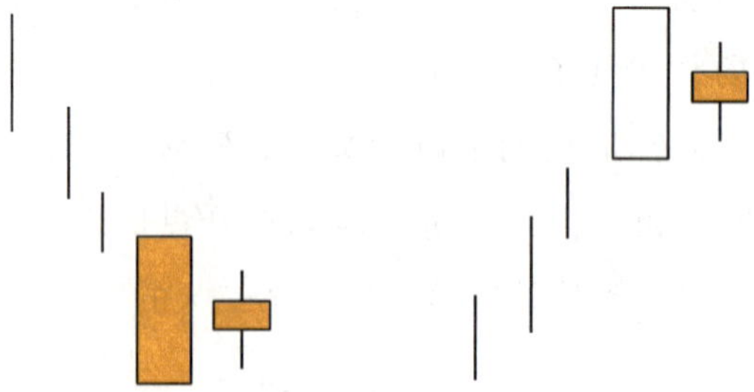

图 8-19　孕育型

（4）倒锤线和射击之星

倒锤线可概述为：小实体在价格区域的较低部分形成；不要求有缺口，只要在一个趋势之后下降就可以；上影线的长度一般不比实体长度的 2 倍长；下影线短到可以认为不存在，见图 8-20。

射击之星可概述为：在上升趋势后，以向上的价格缺口开盘；小实体在价格区域的较低部分形成；上影线的长度至少是实体长度的 3 倍；下影线短到可以认为不存在，见图 8-20。

对于倒锤线，市场向下跳空开盘时，延续了已有的下降趋势，当天的上冲失败了，市场最后收盘在较低的位置。如果第二天的开盘价高于倒锤线实体，潜在的趋势反转将引起空头的动摇，他们会反过来支持上升。

对于射击之星，在上升趋势中，市场向上跳空开盘，出现新高，最后收盘在当天较低的位置。后面的跳空行为只能当成看跌的信号，它会引起一些获利多头的抛盘。

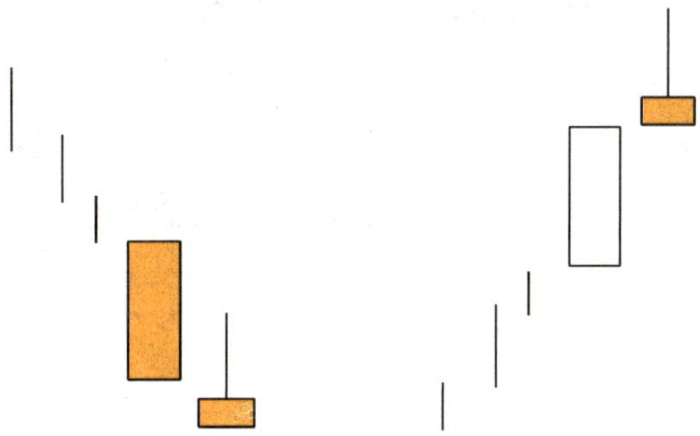

图 8-20　倒锤线和射击之星

（5）刺穿线和乌云盖顶

刺穿线和乌云盖顶的对称图形分别发生在下降和上升的市场中。刺穿线组合形态可概述为：第一天是反映继续下降的长黑实体；第二天是白色实体，它的开盘低于第一天的最低点；第二天的收盘在第一天的实体之内，但高于第一天实体的中点；刺穿线的两根线都应该是长实体，见图 8-21。

对于刺穿线，长黑色实体保持了下降的含义，第二天的跳空低开进一步加强了下降的含义。然而，市场反弹了，并且收盘高得多。此行为引起投资者的关注。第二根线穿入第一根线的幅度越大，越像是一次成功的反转形态。

乌云盖顶组合形态可概述为：第一天是继续反映上升趋势的长阳线；第二天是开盘高于第一天最高点的阴线；第二天阴线的收盘低于第一天阳线实体的中部，见图 8-21。

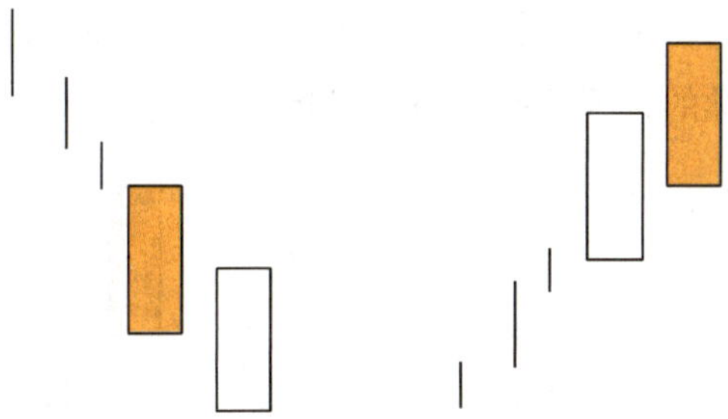

图 8-21　刺穿线和乌云盖顶

（6）早晨之星和黄昏之星

早晨之星组合形态可概述为：第一天的实体颜色与趋势方向一致。早晨之星是阴线，黄昏之星是阳线；第二天的 K 线与第一天之间有缺口，颜色并不重要；第三天的颜色与第一天相反；第一天是长实体，第三天基本上也是长实体，见图 8-22。

早晨之星的一根长阴线加强了原来的下降趋势，第二天价格向下跳空出现新低，交易发生在小范围内，这个小实体是价格不确定性的开始。第三天价格跳空高开，收盘更高，显著的趋势反转已经发生。黄昏之星和早晨之星的图形是对称的，因此有相似的但相反的叙述。

图 8-22　早晨之星和黄昏之星

（7）三白兵和三乌鸦

三白兵组合形态可概述为：三根连续的长阳线，每天出现更高的收盘价；每天的开盘价应该在前一天的实体之内；每天的收盘价应该是当天的最高价或接近最高价，见图 8-23。

三白兵发生在下降趋势中，是市场强烈反转的信号。三白兵每天的开盘价较低，收盘价却是最近的新高。这种价格运动方式非常看涨，不应该忽视。

三乌鸦组合形态可概述为：连续三天长阴线；每天的收盘价出现新低；每天的开盘价在前一天的实体之内；每天的收盘价等于或接近当天的最低价，见图 8-23。三乌鸦与三白兵的图形是对称的，因此有相似的但相反的叙述。

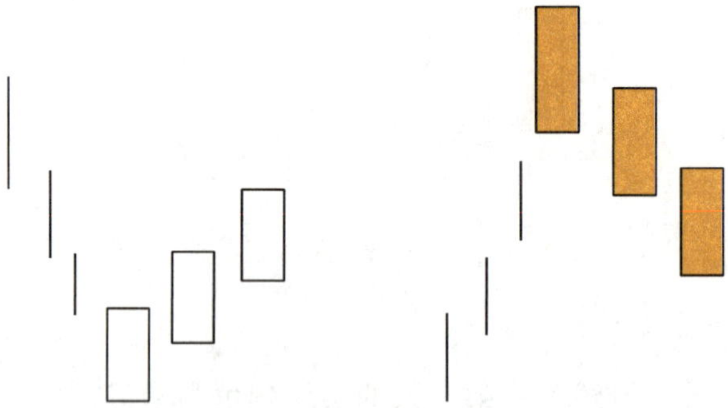

图 8-23　三白兵和三乌鸦

(8) 上升三法和下降三法

上升三法组合形态可概述为：长实体的形成表示了当前的趋势；长实体被一组小实体所跟随，小实体的颜色最好与长实体相反；小实体沿着与当前趋势相反的方向或高或低地排列，并保持在第一天实体的最高价和最低价所限定的范围之内；最后一天应该是强劲的一天，其收盘价高于第一天的收盘价，并维持了原来的趋势，见图 8-24。

对于上升三法，长阳线形成于上升趋势之中，在这条长阳线之后是一群抵抗原来趋势的小实体。这些反向的 K 线一般是阴线，但最重要的是，这些小实体都位于长阳线的最高价和最低价所限定的范围之内，最高价和最低价的范围包括上影线和下影线。上升三法最后一根 K 线的开盘价高于前面一根 K 线的收盘价，并且收盘价出现新高。

下降三法是上升三法的熊市“版本”，其含义正好相反。

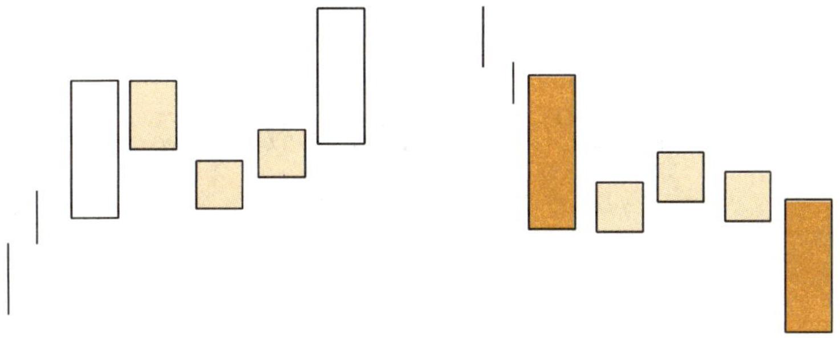

图 8-24　上升三法和下降三法

(四) K 线图分析小结

无论是一根 K 线，还是两根 K 线、三根 K 线甚至多根 K 线，都是对多、空双方争斗做出的一个描述，由它们的组合得到的结论都是相对的，而不是绝对的。对具体进行股票买卖的投资者而言，结论只是起一种建议作用，并不是命令，也不是说今后要涨就一定涨，而是指今后要涨的概率比较大。

在应用时，我们有时会发现运用不同种类的 K 线组合得出了不同的结论。有时，应用一种 K 线组合得出明天会下跌的结论，但实际没有下跌，而是出现与其相反的结果。此时，一个重要原则是尽量使用根数多的 K 线组合的结论，将新的 K 线加进来重新进行分析判断。一般来说，用根数多的 K 线组合得出的结论不大容易与事实相反。

四、撰写实验报告

学生须根据实验要求撰写实验报告。实验报告包括实验目的、实验要求、实验步骤以及实验结论四个主要部分。实验项目名称及要求如下：

（1）实验项目名称：K 线形态分析报告。

（2）实验要求：运用 K 线理论制定投资策略，要求对股票价格指数和不少于 6 只个股进行分析。

第四节 行情分析实验

一、实验目的

应用行情分析的方法进行股票分析。

二、实验要求

理解行情分析的作用，掌握行情分析的方法，运用行情分析的方法进行股票的分析。

三、实验内容与步骤

（一）即时分析

图 8-25 展示了贵州茅台的分时走势图。

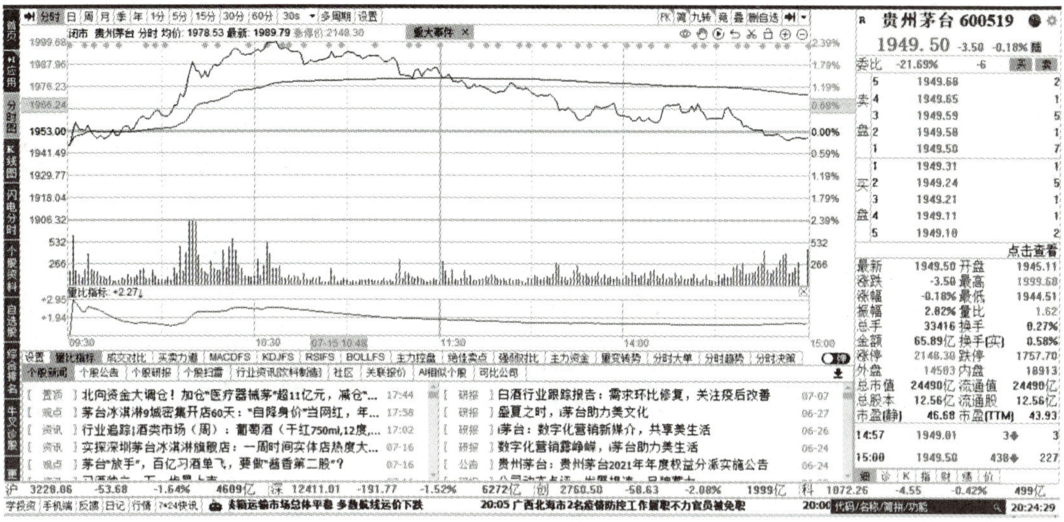

图 8-25　个股分时走势图

（二）大盘分析

图 8-26 为上证指数的大盘分析界面。指数是反映股市价格变动和走势的指标。指数包括反映整个市场走势的综合性指数和反映某一行业或某一类股票价格走势的分类指数。例如，深证综合指数反映深交所全部股票的价格走势，而深证房地产指数、公用事业指数等则属于分类指数。

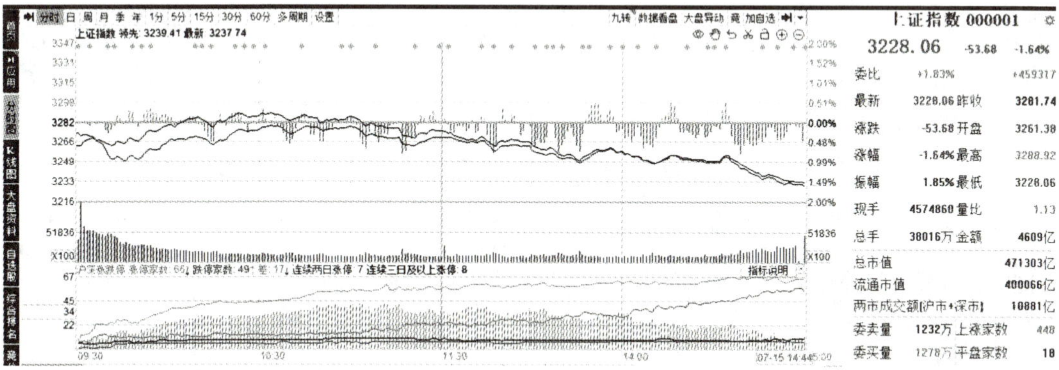

图 8-26　上证指数大盘分析界面

（三）综合排名

综合排名将比较常用的各种排名的前几位或后几位一起列在同一个画面中。在综合排名中，每种排名可以显示的具体股票数目与计算机的分辨率有关，分辨率越大，则显示的数目越多，如图 8-27 所示。

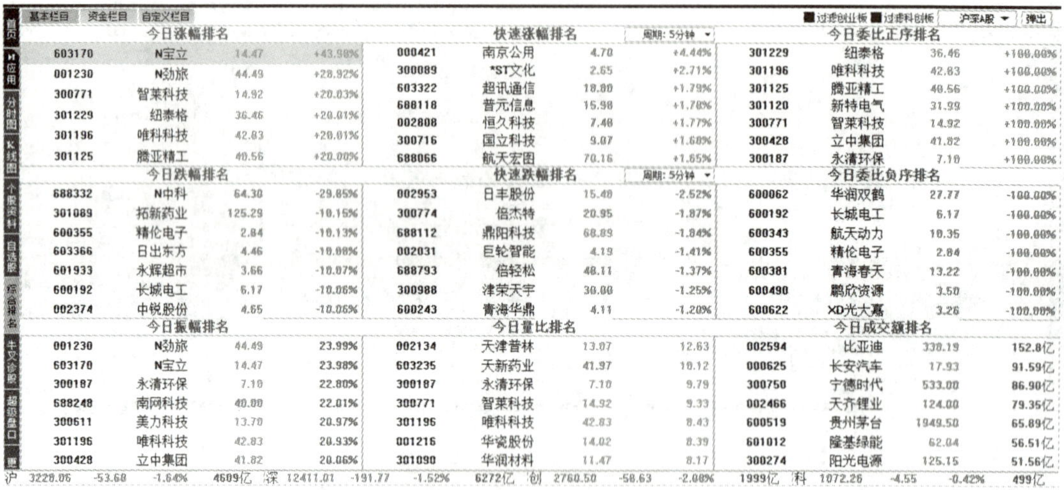

今日涨幅排名				快速涨幅排名 周期：5分钟				今日委比正序排名			
603170	N宝立	14.47	+43.98%	000421	南京公用	4.70	+4.44%	301229	纽泰格	36.46	+100.00%
001230	N劲旅	44.49	+28.92%	300089	*ST文化	2.65	+2.71%	301196	唯科科技	42.83	+100.00%
300771	智莱科技	14.92	+20.03%	603322	超讯通信	18.80	+1.79%	301125	腾亚精工	40.56	+100.00%
301229	纽泰格	36.46	+20.01%	688118	普元信息	15.98	+1.78%	301120	新特电气	31.99	+100.00%
301196	唯科科技	42.83	+20.01%	002808	恒久科技	7.48	+1.77%	300771	智莱科技	14.92	+100.00%
301125	腾亚精工	40.56	+20.00%	300716	国立科技	9.07	+1.68%	300428	立中集团	41.82	+100.00%
				688066	航天宏图	70.16	+1.65%	300187	永清环保	7.10	+100.00%
今日跌幅排名				快速跌幅排名 周期：5分钟				今日委比负序排名			
688332	N中科	64.30	-29.85%	002953	日丰股份	15.48	-2.52%	600062	华润双鹤	27.77	-100.00%
301089	拓新药业	125.29	-10.15%	300774	倍杰特	20.95	-1.87%	600192	长城电工	6.17	-100.00%
600355	精伦电子	2.84	-10.13%	688112	鼎阳科技	68.89	-1.84%	600343	航天动力	10.35	-100.00%
603366	日出东方	4.46	-10.08%	002031	巨轮智能	4.19	-1.41%	600355	精伦电子	2.84	-100.00%
601933	永辉超市	3.66	-10.07%	688793	倍轻松	48.11	-1.37%	600381	青海春天	13.22	-100.00%
600192	长城电工	6.17	-10.06%	300988	津荣天宇	30.00	-1.25%	600490	鹏欣资源	3.50	-100.00%
002374	中锐股份	4.65	-10.06%	600243	青海华鼎	4.11	-1.20%	600622	XD光大嘉	3.26	-100.00%
今日振幅排名				今日量比排名				今日成交额排名			
001230	N劲旅	44.49	23.99%	002134	天津普林	13.07	12.63	002594	比亚迪	330.19	152.8亿
603170	N宝立	14.47	23.98%	603235	天新药业	41.97	10.12	000625	长安汽车	17.93	91.59亿
300187	永清环保	7.10	22.80%	300187	永清环保	7.10	9.79	300750	宁德时代	533.00	86.90亿
688248	南网科技	40.00	22.01%	300771	智莱科技	14.92	9.33	002466	天齐锂业	124.00	79.35亿
300611	美力科技	13.70	20.97%	301196	唯科科技	42.83	8.43	600519	贵州茅台	1949.50	65.89亿
301196	唯科科技	42.83	20.93%	001216	华瓷股份	14.02	8.39	601012	隆基绿能	62.04	56.51亿
300428	立中集团	41.82	20.06%	301090	华润材料	11.47	8.17	300274	阳光电源	125.15	51.56亿

沪 3228.06 -53.60 -1.64% 4609亿 深 12411.01 -191.77 -1.52% 6272亿 创 2760.50 -58.63 -2.08% 1999亿 科 1072.26 -4.55 -0.42% 499亿

图 8-27　综合排名

（四）技术分析

图 8-28 是贵州茅台的技术分析界面。切换 K 线的分析周期，以便查看不同周期的 K 线形状，包括日线、周线、月线、1 分钟线、5 分钟线、15 分钟线、30 分钟线、60 分钟线以及自定义周期。

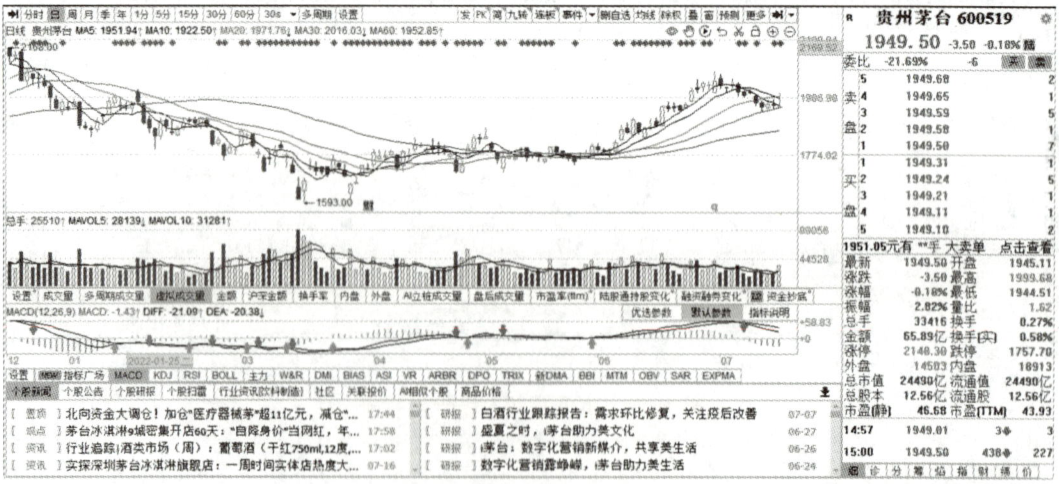

图 8-28　贵州茅台的技术分析界面

画线工具提供多种画线功能，不仅能在 K 线图或技术指标图上根据需要绘制线、图、文字，还能将已画出的图线进行平移、旋转、压缩、拉伸和删除。将鼠标停留在画线工具图标上，有提示框提示该线型的名称。利用画线工具可画出数十种线型（如图 8-29 所示）。

该系统的画线功能均用鼠标拖动进行，先在画线工具中选择画线类型（按下线型按钮），在画线起点处按下鼠标左键，拖动鼠标至画线终点，然后松开左键完成画线操作。

在 K 线图中，通过右键菜单点击“区间统计”选项，将会弹出区间统计对话框，学生可以自己选择一个时间段进行统计。点击“阶段排名”选项，将弹出“阶段排名”对话框，在该对话框可设定起止时间、排序的类型、股票的范围以及是否精确除权等参数。对于设定起止时间来说，只需用鼠标左键点击年、月、日的数值，既可直接输入，也可通过左键点击上下箭头来修改时间。对于排序类型更改来说，只需用鼠标左键点击类型前的单选按钮即可，而股票范围设定只需点击“选择范围”选项即可完成更改。

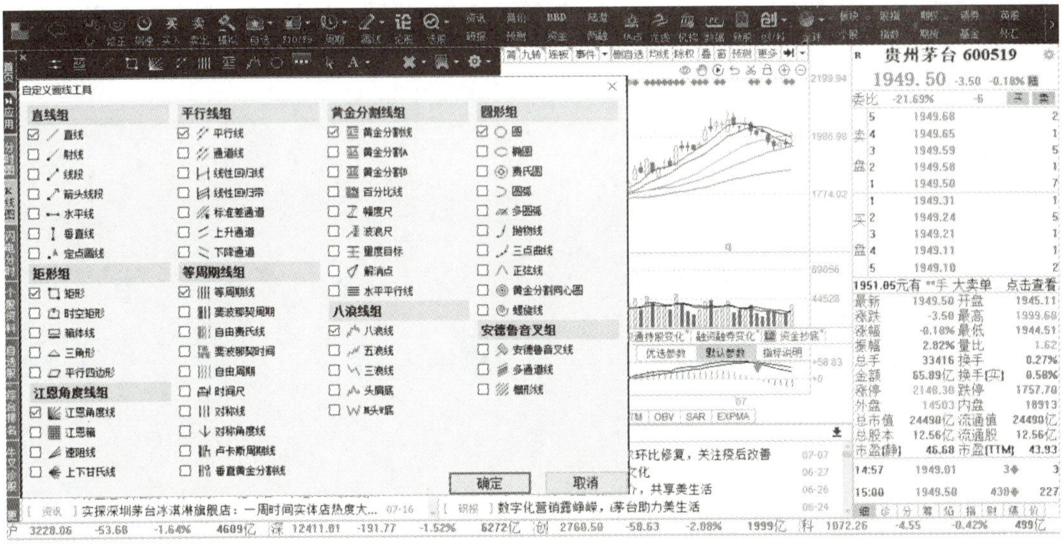

图 8-29　画线工具界面

（五）预警系统

预警系统可以定义涨跌幅度、绝对价位、成交量异动、封停和打开停板等一系列的预警条件，系统将在条件满足时提醒投资者有异动的股票及其异动的特征，投资者可以在分析的同时把握住市场异常变化的瞬间，抓住每一个买卖的时机。投资者只需设定预警条件，系统就可以为投资者做完所需的监控工作，见图 8-30。在个股 K 线图上右击，选择股票预警，选择你要的预警类型，选择参数，最后点击确定。预警方式也可以自行设置，可在弹出提示框、发出声音、持续监控等选项前打钩。

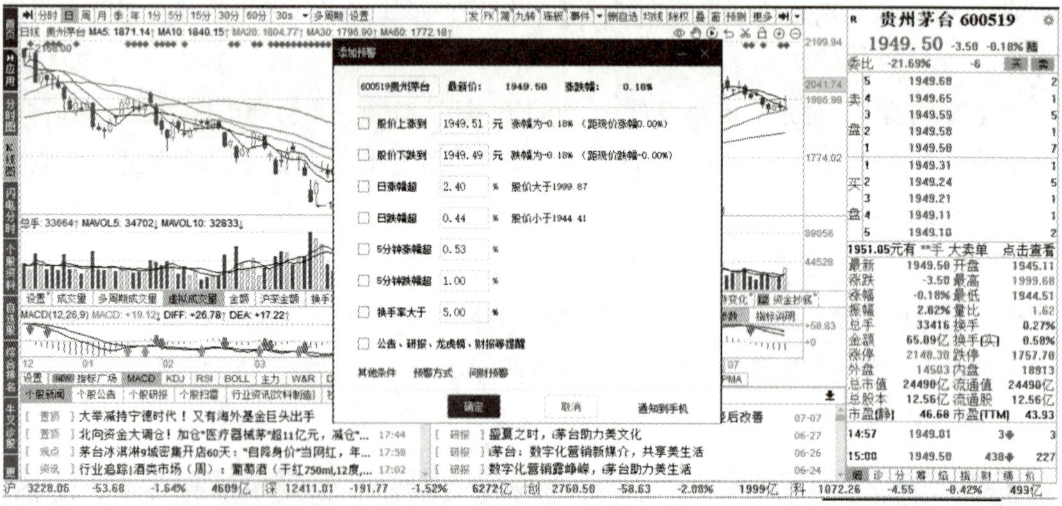

图 8-30　预警系统界面

第九章　证券投资技术指标实验

一、实验目的

技术指标法是应用一定的数学公式，对原始数据进行处理，得出指标值，将指标值绘成图表，从定量的角度对股市进行预测的方法。学生应通过技术指标 MA、MACD、KDJ 分析股票，了解技术指标对股票运行趋势分析的作用；通过技术指标 OBV、RSI、WMS、PSY 对个股进行分析，掌握技术指标原理，分析股票运行趋势。

二、实验要求

学生运用证券交易软件基本操作方法，熟练掌握证券投资技术指标 MA、MACD、KDJ、OBV、RSI、WMS、PSY 的计算公式、技术特点、应用法则；了解股票的价格、成交量、时间和空间是用于技术分析的基本要素；正确理解技术指标分析必须与基本面的分析结合起来使用；理解任何技术指标都有自己的适应范围和应用条件，得出的结论也都有成立的前提和可能发生的意外。

三、实验原理

（1）“黄金交叉”与“死亡交叉”。当现在的行情价站稳在长期 MA 与短期 MA 之上，短期 MA 向上突破长期 MA 时，为买进信号，此种交叉称为“黄金交叉”；相反，若现在的行情价位于长期 MA 与短期 MA 之下，短期 MA 又向下突破长期 MA，则为卖出信号，此种交叉称为“死亡交叉”。原理类似于突破压力线或支撑线。

（2）DIF 和 DEA 均为正值时，属多头市场。DIF 向上突破 DEA 是买入信号；DIF 和 DEA 均为负值时，属空头市场。DIF 向下突破 DEA 是卖出信号；当 DIF 向下跌破零轴线时，为卖出信号。DIF 向上突破零轴线时，为买入信号。

（3）KDJ 指标主要是利用价格波动的真实波幅来反映价格走势的强弱和超买超卖的现象，是在价格尚未上升或下降之前发出买卖信号的一种技术工具。它在设计过程中主要是研究最高价、最低价和收盘价之间的关系，同时也融合了动量观念、强弱指标和移动平均线的一些优点。因此，投资者运用 KDJ 指标能够比较迅速、快捷、直观地研判行情。由于 KDJ 线本质上是一个随机波动的观念，故其对于掌握中短期行情走势比较有益。

（4）OBV 指标是将成交量数量化，制成趋势线，配合股价趋势线，从价格的变动及成交量的增减关系角度，反映市场气氛。其主要理论基础是市场价格的变化必须有成交量的配合，股价的波动与成交量的扩大或萎缩有密切的关联。通常股价上升所需的成交量总是较大；下跌时，成交量可能较大，也可能较小。价格升降而成交量不相应升降，则市场价格的变动难以为继。

（5）RSI 指标认为，任何市价的大涨或大跌，均在 0~100 变动。根据常态分配，RSI 值多在 30~70 变动，通常在 80 甚至 90 时被认为市场已到达超买状态，那么市场价格自然会回落调整。当 RSI 值跌至 30 以下即被认为是超卖状态，市价将出现反弹回升。

（6）当 WMS 指标的取值高于 80 时，市场处于超卖状态，行情即将见底，投资者应当考虑买进。当 WMS 指标的取值低于 20 时，市场处于超买状态，行情即将见顶，投资者应当考虑卖出。①在 WMS 指标进入低数值区位后（此时为超买），一般要回头。如果这时股价还继续上升，就会产生背离，是卖出的信号。②在 WMS 指标进入高数值区位后（此时为超卖），一般要反弹。如果这时股价还继续下降，就会产生背离，是买进的信号。③WMS 指标连续几次撞顶（底），局部形成双重或多重顶（底），则是卖出（买进）的信号。WMS 指标的顶部数值为 0，底部数值为 100。

（7）从 BIAS 指标的取值大小和正负考虑。一般来说，正的乖离率越大，表示短期多头的获利越大，获利回吐的可能性越高；负的乖离率越大，则空头回补的可能性也越高。从 BIAS 的曲线形状方面考虑，形态学和切线理论在 BIAS 也适用，主要是运用顶背离和底背离的原理，顶背离是卖出信号，底背离是买入信号。从两条 BIAS 线结合方面考虑，短期 BIAS 在高位下穿长期 BIAS 是卖出信号；短期 BIAS 在低位上穿长期

BIAS 是买入信号。

（8）PSY（N）的取值在 25~75，说明多空双方基本处于均衡状态。如果 PSY（N）的取值超出了这个范围，则是超卖或超买。PSY（N）的取值过高或过低，都是行动的信号。一般来说，如果出现 PSY（N）<10 或 PSY（N）>90 这两种极端情况，则是强烈的买入和卖出信号。PSY（N）的取值第一次进入采取行动的区域时，往往容易出错。一般都要求 PSY（N）进入高位或低位两次以上才能采取行动。PSY 的曲线如果在低位或高位出现大的 W 底或 M 头，也是买入或卖出的行动信号。PSY 指标一般可同股价曲线配合使用，这时，前面讲到的背离原则在 PSY 中也同样适用。

四、实验内容与步骤

（1）登录证券交易软件，如“同花顺”“大智慧”“东方财富”等证券交易软件。

（2）运用 MA 技术指标分析巨化股份股票，理解该股票在一定时期内的平均价格。在图 9-1 中指出 MA 的追踪趋势、滞后性、稳定性、助涨助跌的特性。

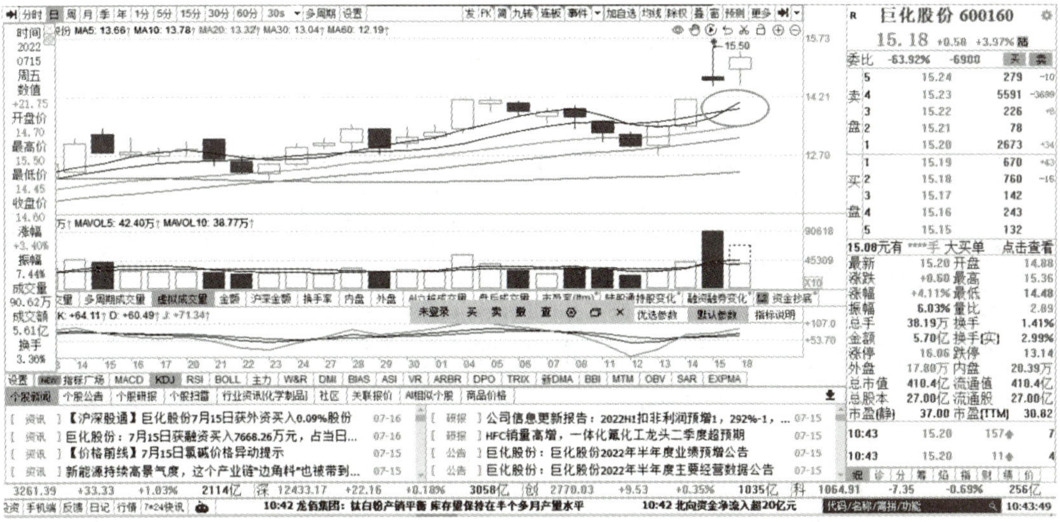

图 9-1 巨化股份股票日 K 线

MA 的组合应用指出该股票的“黄金交叉”和“死亡交叉”。理解当行情价站稳在长期 MA 和短期 MA 之上，短期 MA 向上突破长期 MA 时，为买进信号，此种交叉称为

“黄金交叉”；如图 9-1 所示，巨化股份于 2022 年 07 月 18 日 10 点左右，5 日均线上穿 10 日均线形成“黄金交叉”。若行情价位于长期 MA 和短期 MA 之下，短期 MA 又向下突破长期 MA，则为卖出信号，此种交叉称为“死亡交叉”。

（3）运用 MACD 指标分析贵州茅台股票，正确理解 MACD 是由正负差（DIF）和异同平均数（DEA）组成，DIF 是核心，DEA 是辅助。DIF 是快速移动平均线和慢速平滑移动平均线的差。一般取 12 日和 26 日的 EMA 分别作为快速和慢速移动平均线，两者的差为 DIF。

要求：能够在贵州茅台股票 K 线界面中指出某交易日 MACD 的值、DIF 和 DEA 的值，以及它们之间的差（如图 9-2 所示）。运用 MACD 的法则，正确理解 DIF 和 DEA 均为正值时，属于多头市场。DIF 向上突破 DEA，是买入信号；DIF 和 DEA 均为负值时，属于空头市场。DIF 向下突破 DEA，是卖出信号。DIF 向下跌破零轴线，为卖出信号。DIF 向上穿越零轴线，为买入信号。

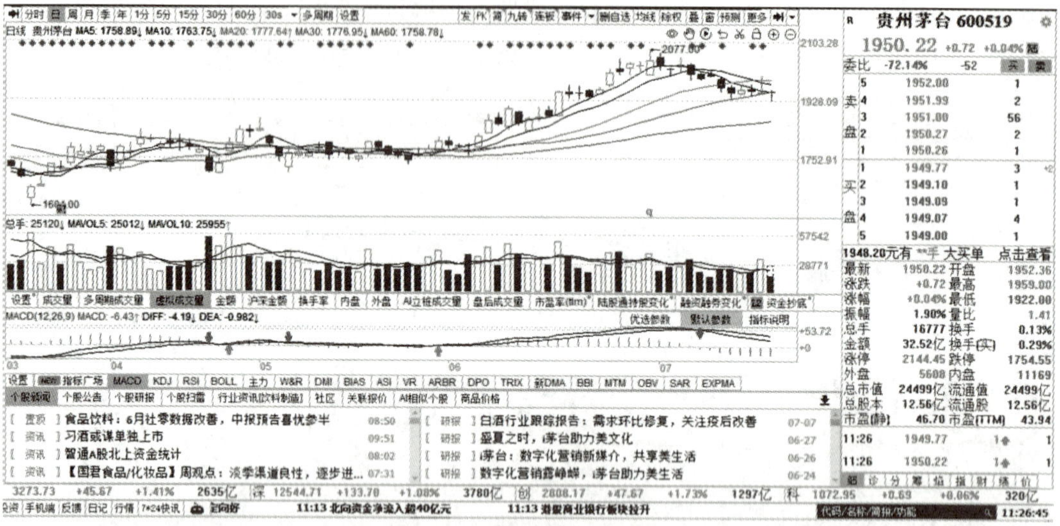

图 9-2　贵州茅台股票日 K 线

（4）运用 KDJ 指标分析贵州茅台股票，正确理解 KDJ 指标是以最高价、最低价及收盘价为基本数据进行计算并得出的 K 值、D 值和 J 值。它主要是利用价格波动的真实波幅来反映价格走势的强弱和超买超卖的现象，是在价格尚未上升或下降之前发出买卖信号的一种技术工具。贵州茅台股票 KDJ 指标详见图 9-3。

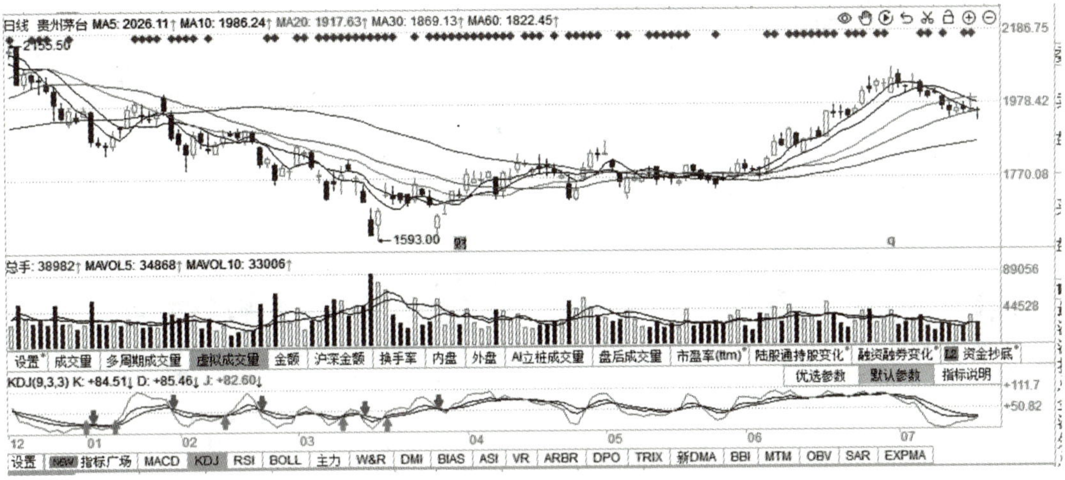

图 9-3　贵州茅台股票 KDJ 指标

投资者需要在软件中指出某交易日的 K 值、D 值、J 值分别是多少，以及它们组合使用的意义。正确理解上涨趋势中，K 值大于 D 值，K 线向上突破 D 线时，为买进信号；下跌趋势中，K 值小于 D 值，K 线向下跌破 D 线时，为卖出信号。当随机指标与股价出现背离时，一般为转势的信号。K 值和 D 值上升或者下跌的速度放缓，倾斜度趋于平缓是短期转势的预警信号。

（5）运用威廉指标（WMS 指标）分析美的集团股票，正确理解威廉指标表示当天的收盘价在过去一段时期内全部价格范围内所处的相对位置。如果 WMS 指标的值较小，则当天的价格就处于相对较高的位置，要当心回落；反之，就要注意反弹。WMS 指标的取值范围是 0~100。WMS 指标参数 n 的选择至少是循环周期的一半，但中国股市的循环周期尚无明确的共识，因此投资者应多选几个参数尝试。贵州茅台股票 WMS 指标详见图 9-4。

要求：能够指出某交易日威廉指标所对应的数值，并理解其所表达的含义。正确理解当 WMS 趋近 80 或高于 80 时，说明股市处于超卖状态，有可能见底反弹，可以考虑买进；当 WMS 趋近 20 或低于 20 说明股市处于超买状态，有可能见顶下跌，考虑卖出；50 是 WMS 的中轴线，当 WMS 刚刚向上超出 50 或趋近 50 时，表示股市看跌；当 WMS 刚刚向下低于 50 或趋近 50 时，表示股市看涨。

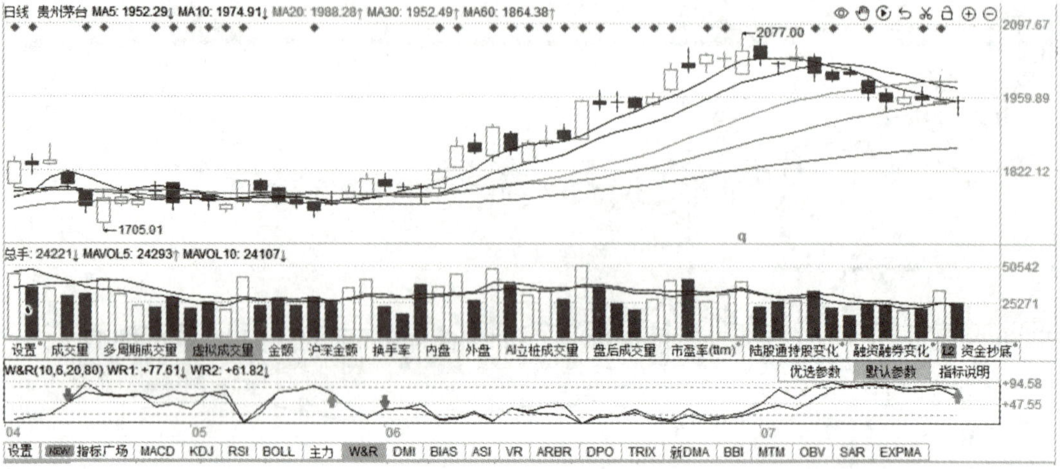

图 9-4　贵州茅台股票 WMS 指标

（6）运用相对强弱指标（RSI 指标）分析贵州茅台股票，正确理解 RSI 指标是以一定时期内股价的变动情况推测价格未来的变动方向，并根据股价涨跌幅度显示市场的强弱。RSI 指标表示向上波动的总量在总的波动量中所占的百分比。如果其占的比例大就是强市，否则就是弱市。贵州茅台股票 RSI 指标详见图 9-5。

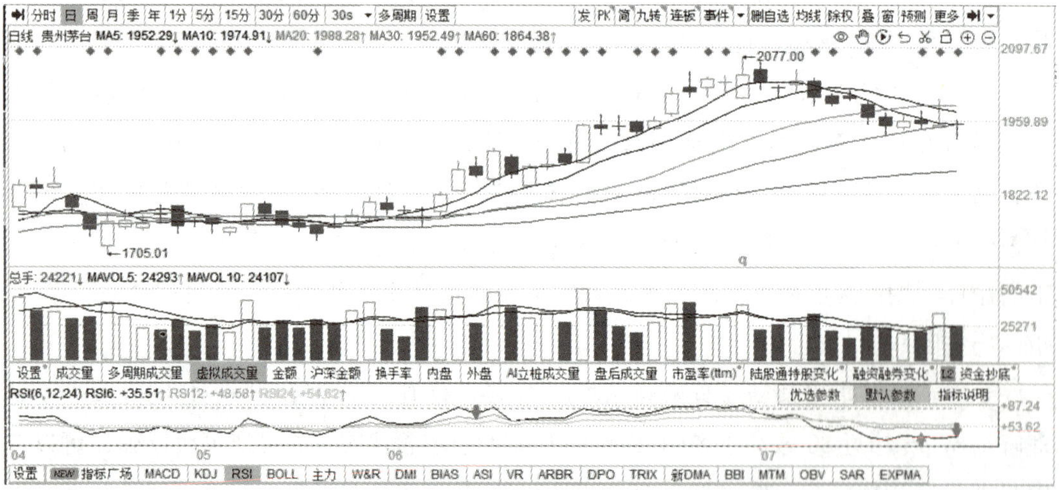

图 9-5　贵州茅台股票 RSI 指标

要求：能够指出某交易日 RSI 指标的数值，并结合原则进行运用。运用 RSI 指标取值的大小判断行情。将 100 分成四个区域，根据 RSI 指标取值对应的区域进行操作，详见表 9-1。

表 9-1　RSI 指标取值应用表

RSI 值	市场特征	投资操作
80~100	极强	卖出
50~80	强	买入
2~50	弱	卖出
0~20	极弱	买入
RSI 值	市场特征	投资操作

“极强”与“强”的分界线和“极弱”与“弱”的分界线是不明确的，它们实际上属于同一个区域。比如，也可以取 30、70 或者 15、85。应该说明的是，分界线位置的确定与 RSI 指标的参数和选择的股票有关。一般而言，参数越大，分界线离 50 越近；股票越活跃，RSI 指标能达到的高度越高，分界线离 50 则应该越远。从 RSI 指标与股价的背离方面判断行情。RSI 指标处于高位并形成一峰比一峰低的两个峰，股价对应的却是一峰比一峰高的两个峰，为顶背离，是比较强烈的卖出信号。与此相反的是底背离：RSI 在低位形成两个底部抬高的谷底，而股价还在下降，是可以买入的信号。

（7）运用乖离率（BIAS）指标分析贵州茅台股票，正确理解 BIAS 指标是测算股价与移动平均线偏离程度的指标。贵州茅台股票 BIAS 指标如图 9-6 所示。

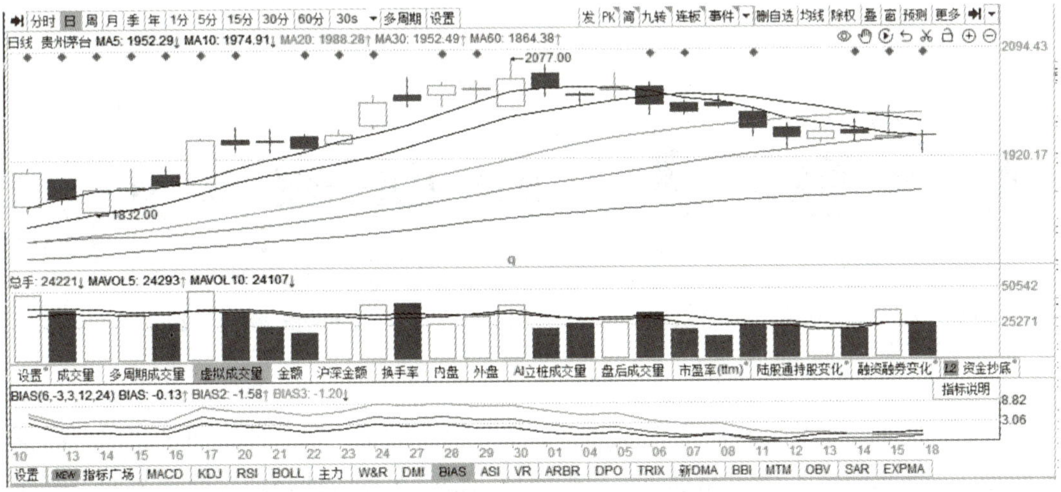

图 9-6　贵州茅台股票 BIAS 指标

要求：能够正确理解正的乖离率越大，表示短期多头的获利越大，获利回吐的可能性越高；负的乖离率越大，则空头回补的可能性也越高。能够指出某交易日 BIAS 指标的数值，并对照表 9-2，判断贵州茅台股票的买卖时机。

表 9-2　BIAS 指标应用表

日期	买入信号%	卖出信号%
5 日	-3	3.5
10 日	-4	5
20 日	-7	8
60 日	-10	10

（8）运用能量潮（OBV）指标分析贵州茅台股票，正确理解 OBV 指标的理论基础是市场价格的有效变动必须有成交量配合，量是价的先行指标。利用 OBV 指标可以验证当前股价走势的可靠性，并可以得到趋势可能反转的信号。比起单独使用成交量，OBV 指标看得更清楚。贵州茅台股票 OBV 指标见图 11-7。

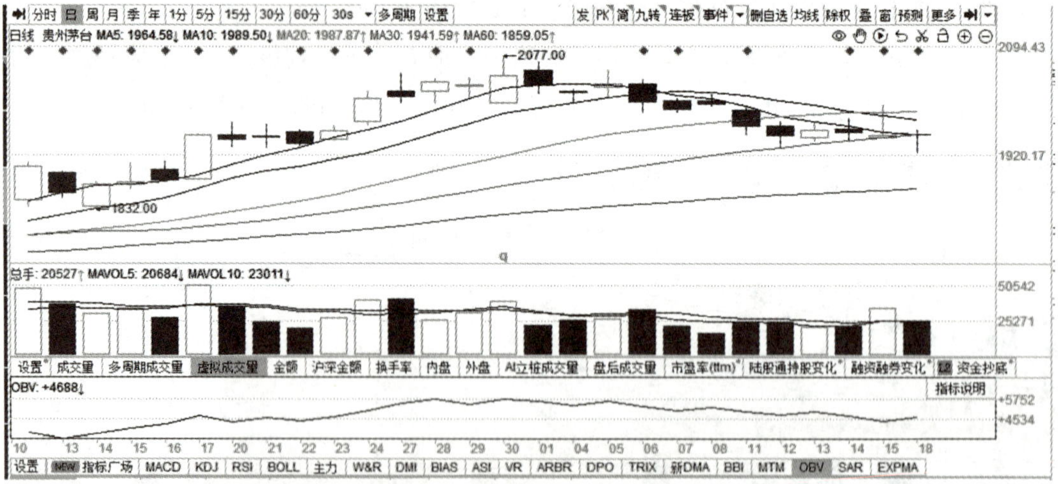

图 11-7　贵州茅台股票 OBV 指标

要求：能够指出某交易日 OBV 指标的数值，结合股票价格判断贵州茅台股票的变化趋势。能够正确理解 OBV 指标不能单独使用，必须与股价曲线结合使用才能发挥作用；当股价上升，OBV 指标也上升。当股价上升，OBV 指标却下降，出现背离的现象，则股价可能反转。

五、实验分析与结论

（一）MA 指标

在空头市场中，经过长时间的下跌，股价与 10 日短期移动平均线、50 日中期移动平均线、250 日长期移动平均线的排列关系如下：从下到上依次为股价、10 日短期移动平均线、50 日中期移动平均线和 250 日长期移动平均线。若股市出现转机，股价开始回升，10 日短期移动平均线是反应最快的，最先跟着股价从下跌转为上升；随着股价继续攀升，50 日中期移动平均线才开始转为向上方移动；至于 250 日长期移动平均线的方向改变，则意味着股市的基本趋势的转变，多头市场的来临。

（1）方向不一致的情况：当股价开始整理盘旋后，短期移动平均线、中期移动平均线很容易与股价缠绕在一起，不能正确指明运动方向。另一种不协调的现象是中期移动平均线向上移动，股价和短期移动平均线向下移动，这表明股市上升趋势并未改变，暂时出现回档调整现象。只有当股价和短期移动平均线相继跌破中期移动平均线，并且中期移动平均线亦有向下反转的迹象时，上升趋势才会改变。

（2）移动平均线指标盲点：在盘整阶段或趋势形成后、中途休整阶段，以及局部反弹或回落阶段，MA 极易发出错误的信号，这是投资者使用 MA 时最应该注意的。另外，MA 只是作为支撑线和压力线站在某线之上，虽然有利于上涨，但是并不是说就一定会涨，支撑线也有被突破的时候。

（二）MACD 指标

理论上，在持续的涨势中，DIF 会越来越大；在持续的跌势中，DIF 可能变负，其绝对值也越来越大。MACD 利用正负离差值与离差值的 9 日移动平均线的交叉信号作为买卖行为的依据。

当股价指数逐波升高，DIF 及 MACD 不是同步上升，而是逐波下降，与股价走势形成顶背离，预示股价即将下跌。如果此时出现 DIF 两次由上向下穿过 MACD，形成两次“死亡交叉”，则股价将大幅下跌。

当股价指数逐波下行，DIF 及 MACD 不是同步下降，而是逐波上升，与股价走势形成底背离，预示着股价即将上涨。如果此时出现 DIF 两次由下向上穿过 MACD，形成两次“黄金交叉”，则股价即将大幅度上涨。

（三）KDJ 指标

投资者在应用时主要从五个方面进行考虑：KD 取值的绝对数字，KD 曲线的形态，KD 指标的交叉，KD 指标的背离，J 指标的取值大小。根据这种划分，KD 超过 80 就应该考虑卖出，低于 20 就应该考虑买入。这种操作是很简单的，同时又是很容易出错的，完全按这种方法进行操作很容易导致损失。大多数对 KD 指标了解不深入的人，以为 KD 指标的操作就限于此，故而对 KD 指标的作用产生误解。应该说明的是，上述对 0～100 的划分只是一个应用 KD 指标的初步过程，仅仅是信号。

KDJ 指标所能得出的最强信号之一是偏差，也就是说 K 值在 80 以上时股价还有可能进一步上升，如果投资者过早卖出股票，将会损失一些利润；K 值在 20 以下时，股价还有可能进一步下跌，如果投资者过早买进股票则有可能被套。此时 KDJ 指标的参考价值降低，投资者应该因时因势分析，同时将其他指标与随机指标结合起来使用。

（四）WMS 指标

WMS 指标的参数 N 的选择至少是循环周期的一半，但对中国股市的循环周期，我国尚无明确的共识，因此投资者应多选几个参数尝试。盘整过程中，WMS 的准确性较高；在上升或下降趋势中，投资者不能只以其作为行情判断的依据。

在 WMS 指标进入低数值区位后（此时为超买），一般要回头。如果这时股价还继续上升，就会产生背离，是卖出的信号。在 WMS 指标进入高数值区位后（此时为超卖），一般要反弹。如果这时股价还继续下降，就会产生背离，是买进的信号。WMS 指标连续几次撞顶（底），局部形成双重或多重顶（底），则是卖出（买进）的信号。

（五）RSI 指标

“极强”与“强”的分界线和“极弱”与“弱”的分界线是不明确的，它们实际上属于同一个区域。比如，也可以取 30、70 或者 15、85。应该说明的是，分界线位置的确定与 RSI 指标的参数和选择的股票有关。一般而言，参数越大，分界线离 50 越近；股票越活跃，RSI 指标能达到的高度越高，分界线离 50 应该越远。

两条或多条 RSI 曲线的联合使用法则与两条移动平均线的使用法则相同。从 RSI 指标的曲线形状判断行情：当 RSI 指标在较高或较低的位置形成头肩形和多重顶（底），是采取行动的信号。这些形态一定要出现在较高位置和较低位置，离 50 越远，结论越可靠。

从 RSI 指标与股价的背离方面判断行情：RSI 指标处于高位并形成一峰比一峰低的

两个峰，股价对应的却是一峰比一峰高的两个峰，此时为顶背离，是比较强烈的卖出信号。与此相反的是底背离：RSI 指标在低位形成两个底部抬高的谷底，而股价还在下降，是可以买入的信号。

（六）BIAS 指标

一般而言，在弱势市场上，股价的 5 日乖离率超过-5，表示股价超卖现象出现，可以考虑开始买入股票；而当股价的 5 日乖离率超过 5，表示股价超买现象出现，可以考虑卖出股票。

在强势市场上，股价的 5 日乖离率超过-10，表示股价超卖现象出现，为短线买入机会；当股价的 5 日乖离率超过 10，表示股价超买现象出现，为短线卖出股票的机会。结合我国沪深股市的实际，在一些暴涨暴跌的时机，对于综合指数而言，当 10 日乖离率大于 10 时，预示股价指数已经出现超买现象，可开始逢高卖出股票，当 10 日乖离率小于-5 时，预示股价指数已经出现超卖现象，可开始逢低吸纳股票。而对于个股而言，当 10 日乖离率大于 15 时，为短线卖出时机，当 10 日乖离率小于-10 时，为短线买入时机。

（七）OBV 指标

股价上升而 OBV 指标下降，表示买盘无力，股价可能会回跌。股价下降而 OBV 指标上升，表示买盘旺盛，股价可能会止跌回升。

OBV 指标缓慢上升，表示力量逐渐加强，为买进信号。OBV 指标急速上升，表示力量将用尽，为卖出信号。OBV 指标从正的累积数转为负数时，为下跌趋势，投资者应该卖出持有股票；相反，OBV 指标从负的累积数转为正数时，为上涨趋势，投资者应该买进股票。OBV 指标最大的用处在于观察盘局整理后，股市何时会脱离盘局以及脱离盘局后的未来走势。OBV 指标的变动方向是重要参考指数，其具体的数值并无实际意义。

OBV 指标对双重顶第二个高峰的确定有较为明确的信号。当股价自双重顶第一个高峰下跌又回升时，如果 OBV 指标能够随股价趋势同步上升且价量配合，则多头市场可以持续并出现更高峰；相反，当股价回升时 OBV 指标未能同步配合，却见下降，则可能形成第二个顶峰，完成双重顶的形态，导致股价反转下跌。

（八）PSY 指标

一段下跌（上升）行情展开前，超买（超卖）的最高（低）点通常会出现两次。第二次出现超买（超卖）的最高（低）点时，一般是卖出（买进）时机。由于 PSY 指标具有这种高点密集出现的特性，可给投资者带来充裕时间进行研判与介入。

PSY 指标的取值在 25 ~ 75 为常态分布。PSY 指标主要反映市场心理的超买超卖，因此，当 PSY 指标在常态区域内上下移动时，投资者一般应持观望态度。当 PSY 指标超过 75 或低于 25 时，表明股价开始步入超买区或超卖区，此时投资者需要留意其动向。当 PSY 指标取值超过 83 或低于 17 时，表明市场出现超买区或超卖区，价位回跌或回升的机会增加，投资者应该准备卖出或买进，不必在意是否出现第二次信号。这种情况在个股中比较多见。当 PSY 指标百分比值小于 10 时，是极度超卖，抢反弹的机会相对增加，此时为短期较佳的买进时机；相反，如果 PSY 指标百分比值大于 90，则是极度超买，此时为短期卖出的有利时机。

第十章　股票投资综合分析实验

第一节　常规看盘

一、实验目的

通过学习，了解报价页面的使用，让学生对所关注股票的各种变化一目了然；可以同时显示多只股票，并对这些股票的某项数据进行排序，让学生方便、快速地捕捉到强势、异动的股票。

二、实验要求

（1）学习系统界面的内容。
（2）掌握主要菜单的使用。
（3）熟悉各种功能的位置。

三、实验步骤

（一）“报价”菜单

在主菜单的“报价”菜单中，学生可以调用各种报价分析的页面：在“自选报价”里投资者可以自定义添加自选股票，设置自选股票板块；在“全部指数”里包含了各种大盘指数；“涨幅排名”是各种商品的涨跌幅排名；“综合排名”是同时包含 14 项排名的页面；“多股同列”是同时列出了多只股票分时走势的页面，可以选择同时列出 2 股、4 股、6 股、9 股以及 16 股的画面；“分时 K 线同列”是同时列出了多只股票技术走势的页面；“多窗看盘”是为实时看盘特制的页面。同时，该菜单栏中还有“综合排名”“科创板”“创业板”“陆港通”“主力增仓”“主力大单”“板块热点”等页面，如图 10-1 所示。

图 10-1 “报价”菜单选项

（二）如何使用表格

表格可以显示各种数据最基本的形式。对于某只股票来说，虽然表格不如实时走势、技术分析页面那样丰富和直观，但是它可以让学生同时浏览自己所关注的多只股票。

1. 排序

单击表格中栏目的名称，表格将按此栏目的降序排列表格，再次单击则按升序排列（在栏目名称旁有箭头表示状态）。

2. 移动表格

由于表格往往显示了较多的股票和各种数据，因此很难在一个屏幕里显示所有的内容。学生可以用“PgUp”“PgDn”对表格翻页，用左右方向键对表格左右移动，也可以用鼠标滚动条来移动表格。

3. 更换列的次序

在有些表格里，学生喜欢看的数据可能放在较后的位置，通常每次看的时候都要移动一次表格，这样显得很烦琐。在这种时候学生可以用鼠标选中这个数据项对应的那一列的标题，将其拖动到自己喜欢的位置。这个功能还可以用来将两项数据移到一起以方便比较。

4. 加入自选股、板块股

在表格里点击右键，在弹出菜单里有加入“自选股”“板块股”两个选项，点击相应的选项可以将这一行所对应的股票加入自选股或个人选择的板块股里。

5. 直接查看商品走势

在表格里双击鼠标或者按“Enter”键，就可以进入这一行对应商品的分时走势页面。

6. 选择查看的板块

图 10-2 展示了如何查看板块。

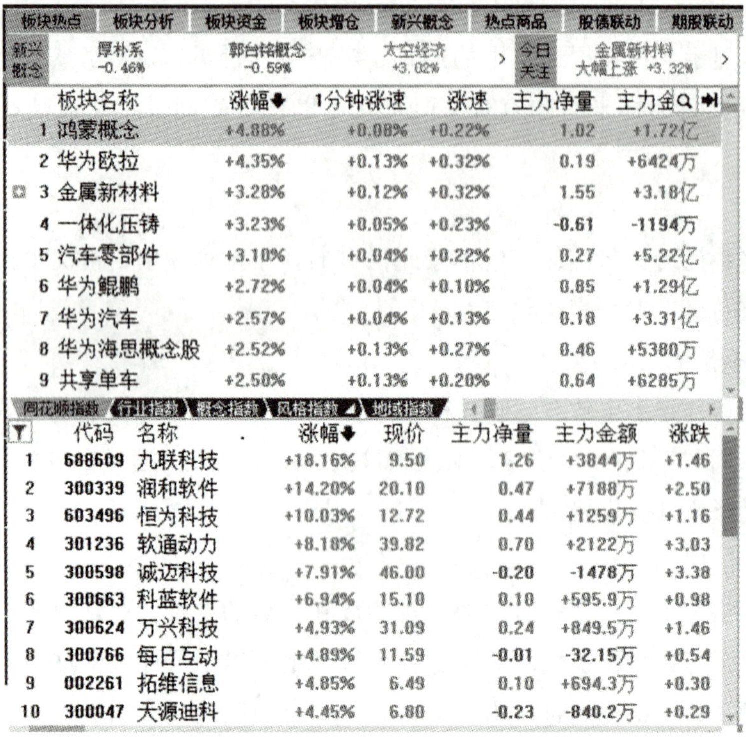

	板块名称	涨幅	1分钟涨速	涨速	主力净量	主力金
1	鸿蒙概念	+4.88%	+0.08%	+0.22%	1.02	+1.72亿
2	华为欧拉	+4.35%	+0.13%	+0.32%	0.19	+6424万
3	金属新材料	+3.28%	+0.12%	+0.32%	1.55	+3.18亿
4	一体化压铸	+3.23%	+0.05%	+0.23%	-0.61	-1194万
5	汽车零部件	+3.10%	+0.04%	+0.22%	0.27	+5.22亿
6	华为鲲鹏	+2.72%	+0.04%	+0.10%	0.85	+1.29亿
7	华为汽车	+2.57%	+0.04%	+0.13%	0.18	+3.31亿
8	华为海思概念股	+2.52%	+0.13%	+0.27%	0.46	+5380万
9	共享单车	+2.50%	+0.13%	+0.20%	0.64	+6285万

	代码	名称	涨幅	现价	主力净量	主力金额	涨跌
1	688609	九联科技	+18.16%	9.50	1.26	+3844万	+1.46
2	300339	润和软件	+14.20%	20.10	0.47	+7188万	+2.50
3	603496	恒为科技	+10.03%	12.72	0.44	+1259万	+1.16
4	301236	软通动力	+8.18%	39.82	0.70	+2122万	+3.03
5	300598	诚迈科技	+7.91%	46.00	-0.20	-1478万	+3.38
6	300663	科蓝软件	+6.94%	15.10	0.10	+595.9万	+0.98
7	300624	万兴科技	+4.93%	31.09	0.24	+849.5万	+1.46
8	300766	每日互动	+4.89%	11.59	-0.01	-32.15万	+0.54
9	002261	拓维信息	+4.85%	6.49	0.10	+694.3万	+0.30
10	300047	天源迪科	+4.45%	6.80	-0.23	-840.2万	+0.29

图 10-2　板块热点界面

7. 换到分时同列页面

如果学生想看多只股票的分时走势页面，可以在表格里选中某只股票，然后同时按“Ctrl”键和“4”键，就会切换到四股同列页面。该页面会显示选中的股票和按表格里的次序排在后面的三只股票。同时按“Ctrl”键和“9”键，就会切换到九股同列页面；同时按“Ctrl”键和“16”键，就会切换到 16 股同列页面。

8. 换到 K 线同列页面

在表格里选中某只股票，然后点击“报价”菜单下的“K 线同列”，可以分别显示 4 股 K 线、9 股 K 线和 16 股 K 线。

（三）特殊报价页面

1. 大字报价（快捷键“Ctrl”+“F6”）

该页面用较大的字体显示自选股的实时报价，这样就能让学生在长时间看盘时不会感觉过于疲劳。

2. 两股对比

在这个页面，学生可以同时看到两只股票的实时行情走势及报盘，能够方便地对它们进行比较分析。

3. 大盘对照

在这个页面，学生可以同时看到某只股票和大盘指数的技术走势，能够方便地对它们进行对照分析。

4. 多窗看盘（快捷键“90”）

学生可以在这个页面上方的表格中选择要查看的板块，然后借助排名选择，就可以选中股票，而后在页面下方就会显示出该股票的报价、成交及走势情况。例如，学生可以在这里轻松查到汽车板块当天成交量最大的股票的走势情况。

5. 主力大单（快捷键“91”）

该页面记录了每笔成交金额在 100 万元以上的成交，可以帮学生准确地捕捉市场主力的活动状况。学生还可以在表格的标题里根据个人的具体需要修改大单选择的条件。在大单表格里上下移动光标，就会在页面的右侧列出相应股票的分时走势图和 K 线图，方便学生查看。

6. 自定义板块、自选报价、自选

在此，学生可以查看各类自选股。

四、常用快捷键列表

终端常用快捷键如表 10-1 所示，配合键盘精灵可以轻松应付各种操作，更多详细的快捷键列表在软件菜单栏“帮助”菜单下可以查看。

表 10-1 常用快捷键列表

快捷键	功能	快捷键	功能
F3（03）	上证指数	F10（10）	公司资料
F4（04）	深证成指	F12	委托下单
F5（05）	切换分时、K 线	Insert	加自选
F6（06）	自选股	Delete	删自选

表10-1(续)

快捷键	功能	快捷键	功能
Enter	切换类型	Ctrl+6	十六股同列
Esc	返回上一画面	Ctrl+F6	大字报价
F1（01）	成交明细	Ctrl+F8（311）	多周期图
F2（02）	价量分布	Ctrl+F11	财务图示
F7（07）	个股全景	Ctrl+F12	期货下单
F8（08）	切换周期	Ctrl+D	大盘对照
F9（09）	牛叉诊股	Ctrl+F	公式管理器
F11（11）	基本资料	Ctrl+H	关联品种
Ctrl+2	两股同列	Ctrl+R	查看所属板块
Ctrl+4	四股同列	Ctrl+T	超级盘口
Ctrl+L	六股同列	Ctrl+Z	缩放界面
Ctrl+9	九股同列	0	返回首页

第二节　综合分析

一、实验目的

灵活运用所学知识，探究我国沪深股市的运行规律或某类股票的价格走势规律，并运用该规律对未来的股价走势进行预测。通过综合分析，让学生掌握证券投资分析的整个流程，掌握基本的选择有价证券的方法，进而提高学生对投资的判断力、对时机的把握力和对风险的承受力，提高其解决实际问题能力和创新能力。

二、实验要求

（1）掌握证券投资分析的整个流程，包括宏观市场分析、行业趋势分析、企业竞争优势分析、财务分析和技术分析。

（2）熟练掌握对于大盘基本面和技术面的分析，进行热点剖析。

（3）选择一个行业，对本行业中主要公司的股票进行分析，包括宏观经济对本行业的影响，本行业的市场结构，本行业内主要竞争对手的市场情况，行业内主要企业的盈利模式，各个公司在本行业中的竞争地位，各个公司的基本情况，包括总股本与流通股、每股净资产、每股收益、净资产收益率、主营业务收益和市盈率。

（4）对本行业中自己关注的股票进行技术分析，在大盘走势的背景下分析 K 线图、移动平均线、成交量及其他相关技术指标，进一步确定买卖的时机。

三、实验内容与步骤

（一）对整个分析流程的结构进行把握

在证券市场上，获取较高回报的关键是确定适当的证券和选择较好的入场及离场时机。因此，使用正确的分析流程是非常有必要的。国际上普遍使用的是摩根士丹利的从上往下分析的方法。

（二）选择一个行业，对本行业中主要公司的股票进行筛选

（1）行业分类依据中国证券监督管理委员会公布的上市公司行业分类指引结构与代码进行。

A 农、林、牧、渔业

B 采矿业

C 制造业

C0 食品、饮料

C1 纺织、服装、皮毛

C2 木材、家具

C3 造纸、印刷

C4 石油、化学、塑胶、塑料

C5 电子

C6 金属、非金属

C7 机械设备、仪表

C8 医药生物制品

C9 其他制造业

D 电力、热力、煤气及水生产和供应业

E 建筑业

F 批发和零售业

G 交通运输、仓储和邮政业

H 住宿和餐饮业

I 信息传输、软件和信息技术服务业

J 金融业

K 房地产业

L 租赁和商务服务业

M 科学研究和技术服务业

（2）选择行业中主要的公司进行分析，考虑到行业特征与分析效率，一般选择行业内的 3~10 家公司进行分析。

（三）对本行业中主要公司的股票进行分析

本步骤中的分析包括宏观经济对本行业的影响、本行业的市场结构、本行业内主要竞争对手的市场情况、行业内主要企业的盈利模式、各个公司在本行业中的竞争地位以及各个公司的财务情况。

（1）宏观经济变化的征兆。

①国内生产总值。

②就业。

③通货膨胀。

④利率。

⑤预算赤字。

⑥心理因素。

（2）政府政策。

①财政政策。

②货币政策。

（3）宏观经济的变化和政府政策对行业的影响。

（4）本行业的市场结构。

（5）各个公司在本行业中的竞争地位。

（6）对各个公司的财务情况进行分析。

（四）对本行业中主要公司的股票进行技术分析

1. 市场走势情况

市场走势情况通过各个大盘指标来反映，因为个股都会受到大盘的影响，所以在进行个股分析时必须考虑大盘的走势。

2. 对本行业中主要公司的股票进行技术分析可以从两个方面着手

一是分析 K 线图和股票价格走势的形态；二是进行指标分析。主要的指标包括移动平均线（MA）、平滑异同移动平均线（MACD）、动向指标（DMI）、相对强弱指数（RSI）、动量指标（MTM）、威廉指标（WR）、随机指标（KDJ）、乖离率（BIAS）、心理线（PSY）、人气意愿指标（ARER）。

（五）进行综合分析

通过分析宏观经济对本行业的影响、本行业的市场结构对公司的影响、本行业内主要竞争对手的市场情况、行业内主要企业的盈利模式以及各个公司在本行业中的竞争地位等因素，对公司的财务情况进行量化，得出股票价值的合理区间；同时，通过对股票市场总体趋势的把握和对公司股票走势的技术分析得出一个较为合理的买卖策略。这样，选股与选时的结合，使得投资者趋于理性。

四、撰写实验报告

学生须根据实验要求撰写实验报告。实验报告包括实验目的、实验要求、实验步骤以及实验结论四个主要部分。实验项目名称及要求如下：

（1）实验项目名称：股票综合分析及投资策略制定。

（2）实验要求：运用各种分析手段制定投资策略，写出有关投资策略的报告。

第十一章　债券仿真实验指导

一、实验目的

市场上的债券很多，有国债、公司债、金融债等不同种类，债券的交易软件也有很多。我们通过债券交易软件查询债券相关信息，通过虚拟交易所，进行债券投资模拟交易，了解债券交易，积累债券交易经验。实验目的是通过对债券交易软件操作的练习，进行债券模拟市场交易，熟悉债券交易流程、债券操作方法及掌握债券交易技能。

二、实验要求

学生学习利用网上的相应资讯，使用债券交易软件，熟悉债券交易软件的基本功能，熟练掌握运用债券交易软件进行分析和交易的技能。本项实验为学生选作实验项目。

三、实验原理

运用债券交易软件的基本功能，掌握基本操作方法，熟悉债券交易软件的基本操作及掌握债券交易技能。

四、实验步骤

（1）注册或登录赢顺云端债券交易软件或其他证券公司的债券交易软件。登录平台如图 11-1 所示。

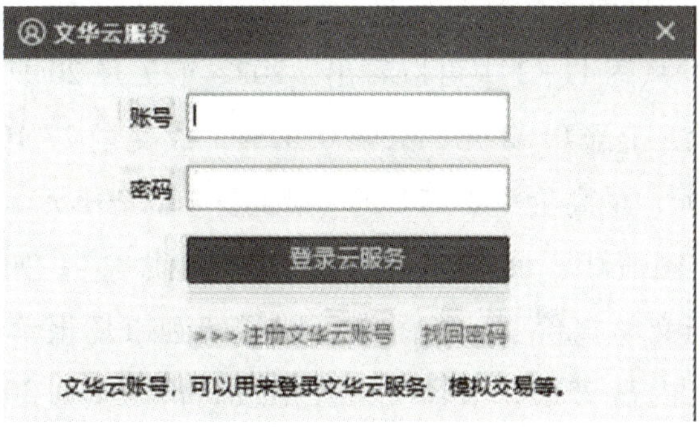

图 11-1　登录平台

点击“注册/找回模拟交易账号”，输入手机号码，并发送验证码即可以注册赢顺云端债券交易模拟账号（股票户）。

（2）进入“债券市场”板块，选择相应类型的选项进行交易，可以选择上证债券、深证债券。在“债券市场”里的下拉菜单中点击“上证债券”，即可出现上证债券市场信息，如图 11-2 所示。

序号	代码	合约名称	最新	涨幅%	成交量	成交额	换手%	量比	速涨	振幅%	基本面定价	定价倍数	股息率(TTM)	盈利
1	010303	03国债(3)	——	0.00%	0	0	0.00	0.00	0.00%	0.00	——	——	0.00%	0
2	010504	05国债(4)	——	0.00%	0	0	0.00	0.00	0.00%	0.00	——	——	0.00%	0
3	010609	06国债(9)	——	0.00%	0	0	0.00	0.00	0.00%	0.00	——	——	0.00%	0.
4	010706	07国债06	——	0.00%	0	0	0.00	0.00	0.00%	0.00	——	——	0.00%	0.
5	010713	07国债13	——	0.00%	0	0	0.00	0.00	0.00%	0.00	——	——	0.00%	0.
6	018003	国开1401	——	0.00%	0	0	0.00	0.00	0.00%	0.00	——	——	0.00%	0.
↓ 7	018008	国开1802	101.925	-0.14%	170	173273	0.00	0.21	0.00%	0.00	——	——	0.00%	0.
8	018009	国开1803	——	0.00%	0	0	0.00	0.00	0.00%	0.00	——	——	0.00%	0.
9	018010	国开1902	——	0.00%	0	0	0.00	0.00	0.00%	0.00	——	——	0.00%	0.
10	018011	国开2002	——	0.00%	0	0	0.00	0.00	0.00%	0.00	——	——	0.00%	0.
11	018012	国开2003	——	0.00%	0	0	0.00	0.00	0.00%	0.00	——	——	0.00%	0.
12	018014	国开2005	——	0.00%	0	0	0.00	0.00	0.00%	0.00	——	——	0.00%	0.
13	018015	国开2006	——	0.00%	0	0	0.00	0.00	0.00%	0.00	——	——	0.00%	0.
14	018016	国开19G1	——	0.00%	0	0	0.00	0.00	0.00%	0.00	——	——	0.00%	0.
15	018017	国开2007	——	0.00%	0	0	0.00	0.00	0.00%	0.00	——	——	0.00%	0.
16	018018	国开2101	——	0.00%	0	0	0.00	0.00	0.00%	0.00	——	——	0.00%	0.
17	018019	国开2102	——	0.00%	0	0	0.00	0.00	0.00%	0.00	——	——	0.00%	0.
18	018062	进出1912	——	0.00%	0	0	0.00	0.00	0.00%	0.00	——	——	0.00%	0.
19	018063	进出2101	——	0.00%	0	0	0.00	0.00	0.00%	0.00	——	——	0.00%	0.
20	018064	进出2103	——	0.00%	0	0	0.00	0.00	0.00%	0.00	——	——	0.00%	0.

图 11-2　上证债券市场信息

从图 11-2 中可以看出，上证债券市场信息有“21 国债 16”“22 国债 01”等，并从这个界面可以看到最新报价、涨跌幅、成交量、买入卖出价和量比，但不能查看市场走势图。

（3）具体了解某一只债券的交易信息，在图 11-2 上选择一只债券，如选择“22 国债 01（019666）”。从图 11-2 中可以看出，2022 年 7 月 20 日 9：45“22 国债 01”市场报价为 100. 22 元，上涨 0. 02 元，涨幅 0. 02%，成交量 27 100 手，成交额 1. 2 亿元，开盘价 100. 201 元，最高价 100. 221 元，最低价 100. 201 元。

进一步了解“22 国债 01”的信息，双击“22 国债 01”，如图 11-3 所示，出现“22 国债 01”的市场交易报价图。从图中可以了解到市场报价为 100. 218 元，上涨 0. 02%，外盘 56200，内盘 7200，市场委买五档最高价为 100. 208 元，委卖最低价为 100. 209 元。市场整体走势上升，虽然有小幅度振荡，但总体市场平稳。

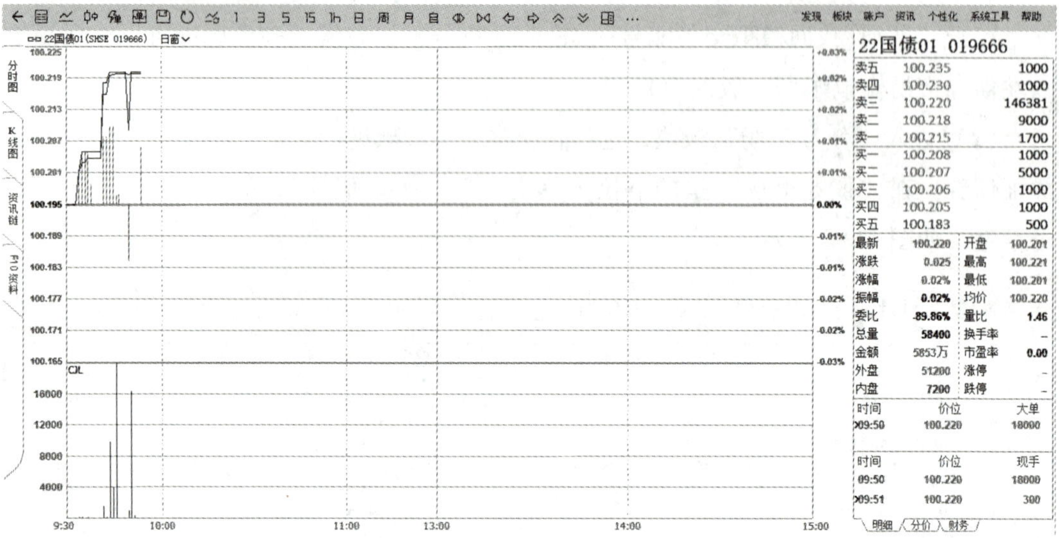

图 11-3　22 国债 01 市场交易报价图

点击界面右下方“分价”，可以进一步了解债券市场报价分析等详细信息。图 11-4 为“22 国债 01”市场价格分价图。

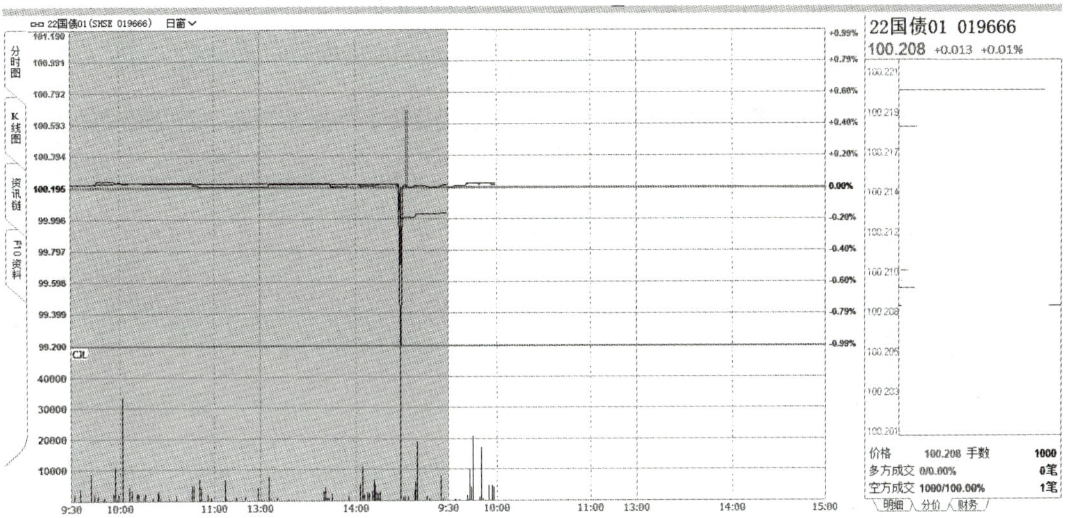

图 11-4 “22 国债 01”市场价格分价图

（4）选择“22 国债 01”这只债券进行交易，鼠标左键点击“22 国债 01”并选中，右键单击，选择下单，系统展示的债券下单界面如图 11-5 所示，选择买卖方向、委托类型、委托价格、委托数量（100 股），单击“买入”，完成债券买入操作。

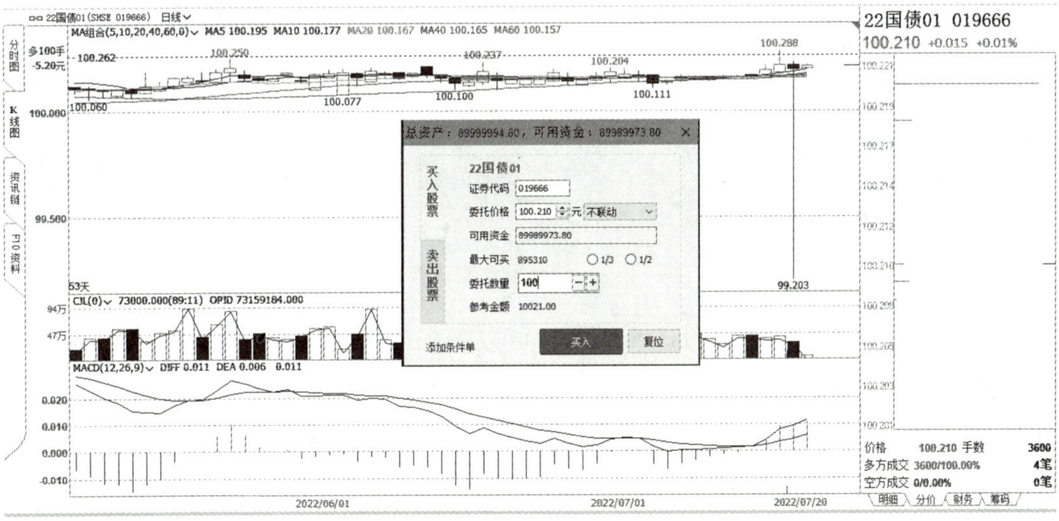

图 11-5 债券下单界面

（5）完成交易后，点击“股票”按钮，如图 11-6 所示，可以看出 2022 年 7 月 20 日上午 10:05 的持仓浮动盈亏为-25.82，盈亏比例为-0.26%。

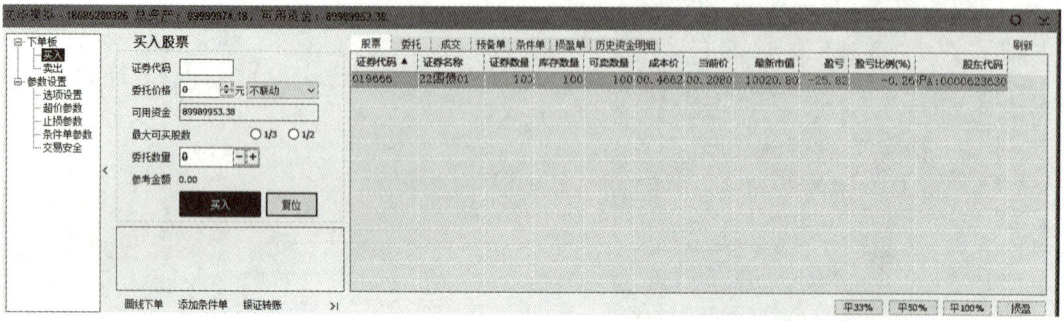

图 11-6　债券持仓盈亏

（6）买入后的债券可以在市场交易时间内卖出。如图 11-7 所示，选中要卖出的债券，右键单击，可以选择卖出方式，如选择对价卖出，选择卖出 100 股，单击“确定”，完成交易。

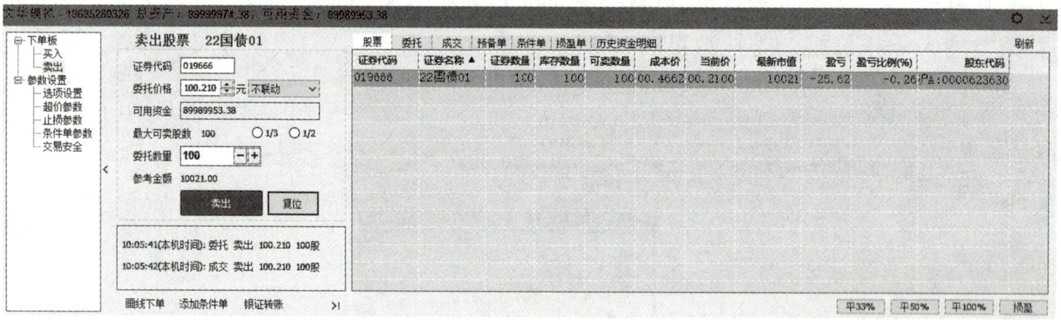

图 11-7　债券平仓确认界面

（7）点击“成交”，如图 11-8 所示，可以看到债券卖出操作已经完成，证券名称：22 国债 01，委托价格为 100.21 元，卖出 100 股。这样就完成了债券的平仓操作，我们可以通过前后资金量的变化查看自己这次交易的盈亏情况。

四、实验分析及结论

1. 实验分析

分析债券的相关指标，如内盘、外盘、换手率等，并综合分析债券的行情，还可以通过日线、年线、K 线观察债券的走势，预测债券价格未来的趋势，为进行债券投资做分析。在做预测的时候，投资者不仅需要了解各项指标的具体含义及计算公式，而且应选择具有代表性的指标进行分析。

此外，投资者还应结合债券行情、债券每个价位、多方与空方交易量比等指标进行分析，以达到有效预测的目的。

2. 实验结论

进入赢顺云端债券交易模拟程序后，系统会出现很多债券，投资者可以选择自己想了解的债券，进入单只债券界面查看债券价格走势、交易量等。在网上进行债券交易买卖需要掌握基本的知识和操作流程，以免在操作时出现错误从而影响交易的进行。

五、撰写实验报告

学生须根据实验要求撰写实验报告。实验报告包括实验目的、实验要求、实验步骤以及实验结论四个主要部分。实验项目名称及要求如下：

（1）实验项目名称：国债交易仿真实验。

（2）实验要求：下载安装债券交易软件，熟悉交易软件的基本功能，熟练掌握债券交易软件的操作技能。通过查询相关资料了解国债发行情况，计算部分品种的到期收益率，从而加深对国债发行与交易市场的了解和认识，提升对相关知识的应用能力和实际操作动手能力。

第十二章　证券投资基金仿真实验指导

一、实验目的

目前在我国市场上，有许多基金交易软件。尽管基金交易的软件有很多，但基金交易软件的操作基本相同。实验目的是通过对基金交易软件操作的练习，熟悉基金交易流程、基金软件操作方法及掌握基金交易技能。

二、实验要求

学习利用网上的相应资讯和基金交易软件，熟悉基金交易软件的基本功能，熟练掌握运用基金交易软件进行分析和交易的技能。本项实验为学生选作实验项目。

三、实验原理

运用基金交易软件的基本功能，掌握基本操作方法，熟悉基金交易软件的基本操作并掌握基金交易技能。

四、实验步骤

（1）注册或登录赢顺云端基金交易软件，或其他证券公司的基金交易软件。登录平台如图 12-1 所示。

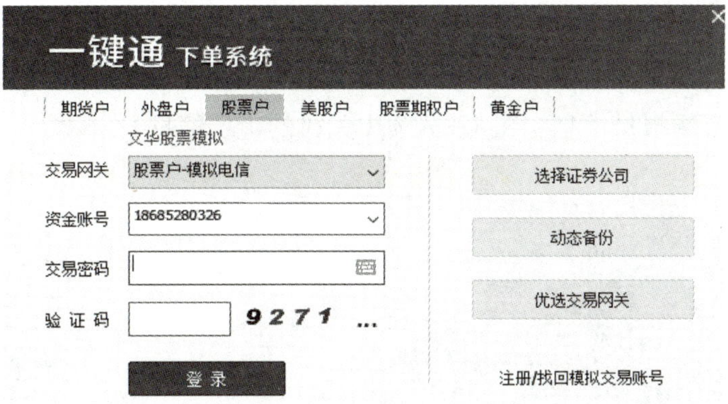

图 12-1 登录平台

（2）点击“注册/找回模拟交易账号”，输入手机号码，并发送验证码即可以注册赢顺云端基金交易模拟账号（股票户），初始模拟交易金额为 9 000 万元。

（3）进入赢顺云端，选择“板块”，单击“股票市场”，选择“封闭式基金”，如图 12-2 所示，可以查看封闭式基金信息。通过滚动鼠标，我们可以发现封闭式基金共有 295 只。从图 12-2 可以了解某一只基金的具体的市场信息，如中关村（508099）基金，其 2022 年 7 月 20 日上午 10:14 的市场最新报价为 4.708 元，上涨 0.92 元，涨幅为 0.86%，交易量为 7 117 手，交易额为 3 341 585 元，开盘价为 4.666 元，最高价为 4.709 元，最低价为 4.666 元，量比为 1.42。

序号	代码	合约名称	最新	涨幅%↓	成交量	成交额	换手%	量比	速涨	振幅%	基本面定价	定价倍数	股息率(TTM)	盈利
1	501081	科创中欧	1.768	1.96%	4520	794992	0.53	2.73	0.63%	1.90	—	—	0.00%	0
2	501203	易基未来	1.121	1.26%	3967	444742	0.00	1.90	0.00%	1.45	—	—	0.00%	0
3	501208	中欧创新	0.932	1.19%	2082	193680	0.09	1.00	0.00%	0.76	—	—	0.00%	0
4	501087	交银瑞丰	1.431	1.06%	7	1002	0.00	0.04	0.00%	0.07	—	—	0.00%	0
5	501085	科创财通	1.898	0.58%	6493	1232389	0.48	1.13	-0.37%	1.27	—	—	0.00%	0
6	501096	科创国联	1.017	0.89%	321	32680	0.06	0.36	0.00%	0.99	—	—	0.00%	0
7	508099	中关村	4.708	0.86%	7117	3341585	0.08	1.47	0.00%	0.92	—	—	0.00%	0
8	508006	首创水务	4.965	0.89%	26114	12933168	0.53	2.66	0.00%	1.04	—	—	0.00%	0
9	501202	科创华泰	1.079	0.75%	3944	425092	0.14	1.33	0.00%	0.75	—	—	0.00%	0
10	501078	科创配置	2.346	0.86%	4209	989251	0.18	0.79	0.00%	1.33	—	—	0.00%	0
11	501099	科创平安	1.619	0.62%	550	88552	0.00	1.70	0.00%	0.62	—	—	0.00%	0
12	501075	科创主题	2.177	0.60%	1245	271962	0.15	0.58	-0.27%	1.16	—	—	0.00%	0
13	501095	BOCI科创	1.069	0.28%	3459	371211	0.00	0.30	-0.09%	0.84	—	—	0.00%	0
14	161133	优势回报	1.050	0.48%	433	45398	0.02	0.91	2.03%	2.01	—	—	0.00%	0
15	501076	创新动力	1.602	0.44%	818	131098	0.00	0.65	0.00%	0.06	—	—	0.00%	0
16	180101	蛇口产园	3.252	0.22%	10515	3425831	0.12	1.54	-0.25%	1.23	—	—	0.00%	0
17	508000	张江REIT	4.103	0.39%	6844	2803078	0.15	1.47	-0.05%	1.08	—	—	0.00%	0
18	508001	浙江杭徽	9.246	0.49%	1878	1732204	0.04	1.45	-0.02%	0.51	—	—	0.00%	0
19	508056	普洛斯	5.127	0.04%	19005	9749165	0.12	2.00	-0.33%	0.92	—	—	0.00%	0
20	501079	科创大成	2.349	0.43%	10567	2482761	0.00	1.24	0.13%	0.86	—	—	0.00%	0

图 12-2 封闭式基金信息

（4）如果投资者想对基金进行深入的了解，分析基金未来的盈利能力，那么投资者需了解基金的详细市场信息。选择需要详细了解信息的基金，双击，系统展示基金“日窗”界面和市场报价信息。图 12-3 为中关村的市场信息。

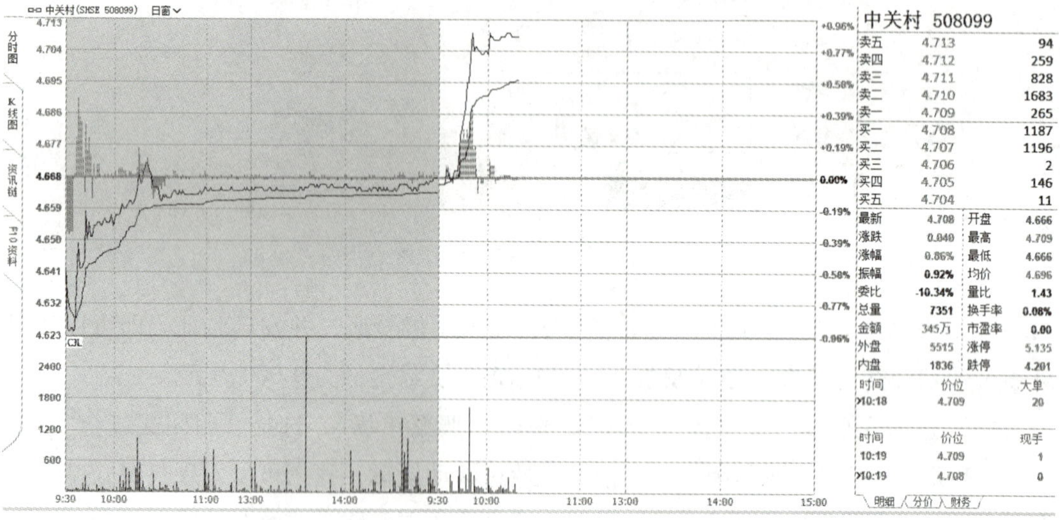

图 12-3 中关村的市场信息

从图 12-3 可以看出，2022 年 7 月 20 日上午 10：19，中关村的市场报价为 4. 708 元，上涨 0. 04 元，涨幅为 0. 86%，均价为 4. 696 元，开盘价为 4. 666 元，最高价为 4. 709 元，最低价为 4. 666 元，交易量为 7 718 手，交易额为 362 万元，外盘为 5 564 手，内盘为 2 155 手，涨停价为 5. 135 元，跌停价为 4. 201 元，委买五档中最高报价为 4. 708 元，委卖五档中最低报价为 4. 709 元。

如果对中关村感兴趣，想进一步了解“中关村”的市场报价，投资者可以通过点击“分价”来了解“中关村”的详细市场报价信息。从图 12-4 中可以看出，在价格为 4. 708 元时，成交手数为 1 244 手，其中多方成交 178 手，共计 7 笔，占总成交数的 14. 3%，空方成交 954 手，共计 80 笔，占总成交数的 85. 7%。

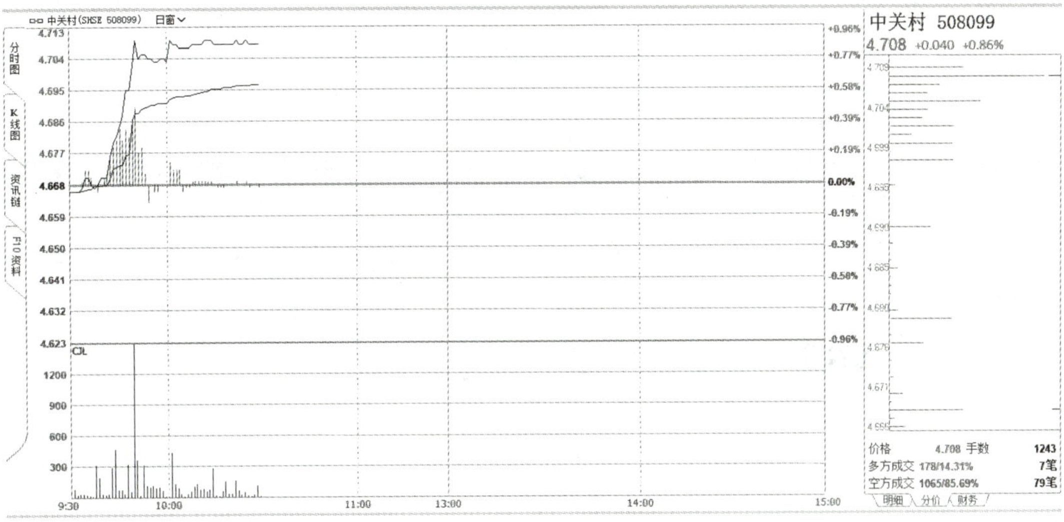

图 12-4　中关村市场分价

（5）选择合适的基金，本部分选择“优势回报（161133）”，右键单击“优势回报”，在系统展示的选项中选择“下单”，即弹出下单界面，选择买卖方向（买）、委托类型、委托价格、委托数量（100 手），单击“买入”，系统提示下单成功信息。基金持仓明细如图 12-5 所示。

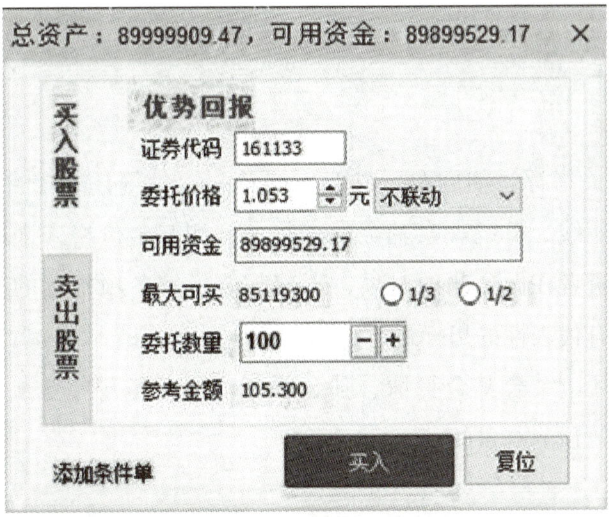

图 12-5　基金持仓明细

（6）点击“股票”按钮，可以了解持有“优势回报”的市场盈亏情况。从图 12-6 中可以看出，2022 年 7 月 20 日的优势回报基金浮动盈亏为-5.1%，盈亏比例为-4.62%。

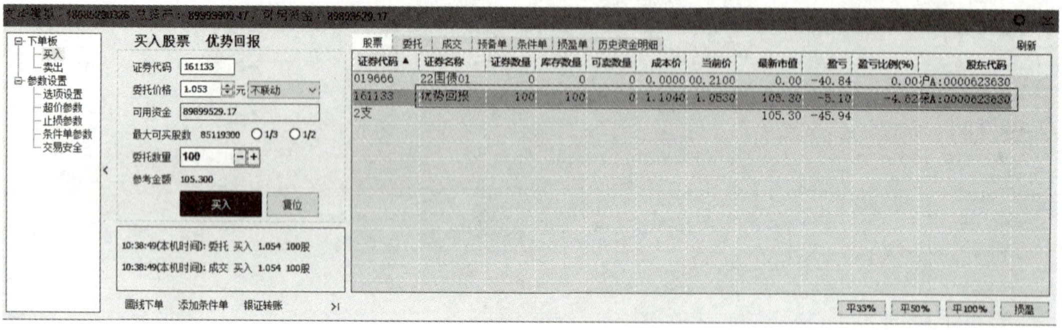

图 12-6　基金持仓盈亏

（7）由于实行 T+1 交易规则，我们需等到第二天以后才能卖出平仓。我们右键点击该基金，就可以看到该基金当前的最新市值。

（8）右键选择该基金，选择对价卖出，系统展示卖出下单，选择买卖方向（卖）、委托数量（100 股）、委托价格，单击“确定”，系统完成卖出平仓操作。

五、实验分析及结论

（一）实验分析

分析基金的相关指标，如内盘、外盘、买价、卖价等，并综合分析基金的行情，还可以通过日线、年线、K 线观察基金的走势，预测基金价格未来的趋势，为进行基金投资做分析。投资者在做预测的时候，不仅需要了解各项指标的具体含义及计算公式，而且应选择具有代表性的指标进行分析。

此外，投资者还应结合基金行情、基金每个价位、多方与空方交易量比等指标进行分析，以达到有效预测的目的。

（二）实验结论

进入赢顺云端基金交易模拟程序后，系统会出现很多基金，投资者可以选择自己想了解的基金，进入单只基金界面查看基金价格走势、交易量等。在网上进行基金交易买卖需要掌握基本的知识和操作流程，以免在操作时出现错误从而影响交易的进行。

六、撰写实验报告

学生须根据实验要求撰写实验报告。实验报告包括实验目的、实验要求、实验步骤以及实验结论四个主要部分。实验项目名称及要求如下：

（1）实验项目名称：债券投资基金仿真交易实验

（2）实验要求：运用赢顺云端交易软件模拟基金交易，熟悉交易软件的基本功能，掌握交易操作技能，独立完成基金模拟交易。

第十三章　期货投资仿真实验指导

第一节　期货交易仿真模拟软件介绍

随着期货市场的繁荣发展，诸多期货交易软件应运而生，如赢顺云端股指期货交易软件、博易大师以及其他证券公司的期货交易软件，还有部分软件提供商专门针对高校教师与学生进行期货交易实验的仿真模拟系统，如希施玛期货投资综合实验系统等均可实现学生对期货交易的仿真模拟。本章期货实验以希施玛期货投资综合实验系统为例。

一、软件系统介绍

期货投资综合实验系统（以下简称“期货投资”）由深圳希施玛数据科技有限公司（以下简称“希施玛公司”）开发组研发，该系统在 Windows 操作系统平台上运行。

该软件产品从真实期货交易场景出发，通过搭建虚拟仿真平台和实验环境，完成期货行情分析、期货交易操盘内容。通过参与实验，学生可了解期货市场相关知识，模拟真实的期货交易过程，打通理论知识到金融实践的环节，培养交易意识与实践能力。

二、实验软件功能

该实验软件围绕沪深 A 股、商品期货、股指期货三个套利品种，开展期货套期保值、期现套利、跨期套利、跨品种套利类型操作，通过建仓、平仓、核算与分析套利效果等业务操作，获取套利机会、测算收益盈亏情况，实现套期保值和套利。

三、登录期货投资仿真模拟系统

该系统无须安装，打开谷歌浏览器，输入网址 http://www.iyyyf.com/，找到“期货投资实验系统”应用入口即可，如图 13-1 所示。

图 13-1 “期货投资实验系统”应用入口

第二节 期货投资仿真模拟实验

一、实验目的

（1）了解期货交易软件的基本功能。

（2）了解期货交易软件的系统结构和作用。

（3）熟练掌握期货交易软件的使用和操作技能。

二、实验要求

通过仿真模拟实验了解期货软件的构成，综合分析宏观和微观因素对期货市场的影响；实际了解期货价格走势，了解其价格与成交量之间的走势；熟悉期货操作的基本分析方法，模拟投资，熟悉交易过程，提高理论联系实际的能力，学会选择合理适当的期货品种进行操作。

三、实验流程

（一）实验操作流程

（1）本章主要以下面 2 个典型的实验模块共计约 20 个实验步骤为代表，进行操作实验，具体实验步骤如表 13-1 所示。

表 13-1 实验模块及步骤

实验模块	实验步骤
期货套期保值	步骤 01：选择期货套保类型（股指期货或商品期货） 步骤 02：选择现货资产 步骤 03：配置现货资产头寸 步骤 04：选择用于套保的期货合约品种 步骤 05：配置期货资产头寸 步骤 06：建仓（提交买卖订单，买现货、卖期货） 步骤 07：动态管理保证金，避免期货爆仓 步骤 08：平仓（提交买卖订单，卖现货、买期货） 步骤 09：核算套保收益 步骤 10：分析套保效果
期货套利	步骤 01：选择期货套利类型（股指期货或商品期货） 步骤 02：选择套利监控的合约品种 步骤 03：计算并判断是否存在套利机会 步骤 04：套利多头建仓，买入一种合约 步骤 05：套利空头建仓，卖空另一种合约 步骤 06：动态关注，及时止损 步骤 07：套利多头平仓 步骤 08：套利空头平仓 步骤 09：核算套利收益 步骤 10：分析套利效果

（2）实验操作流程如图 13-2 所示。

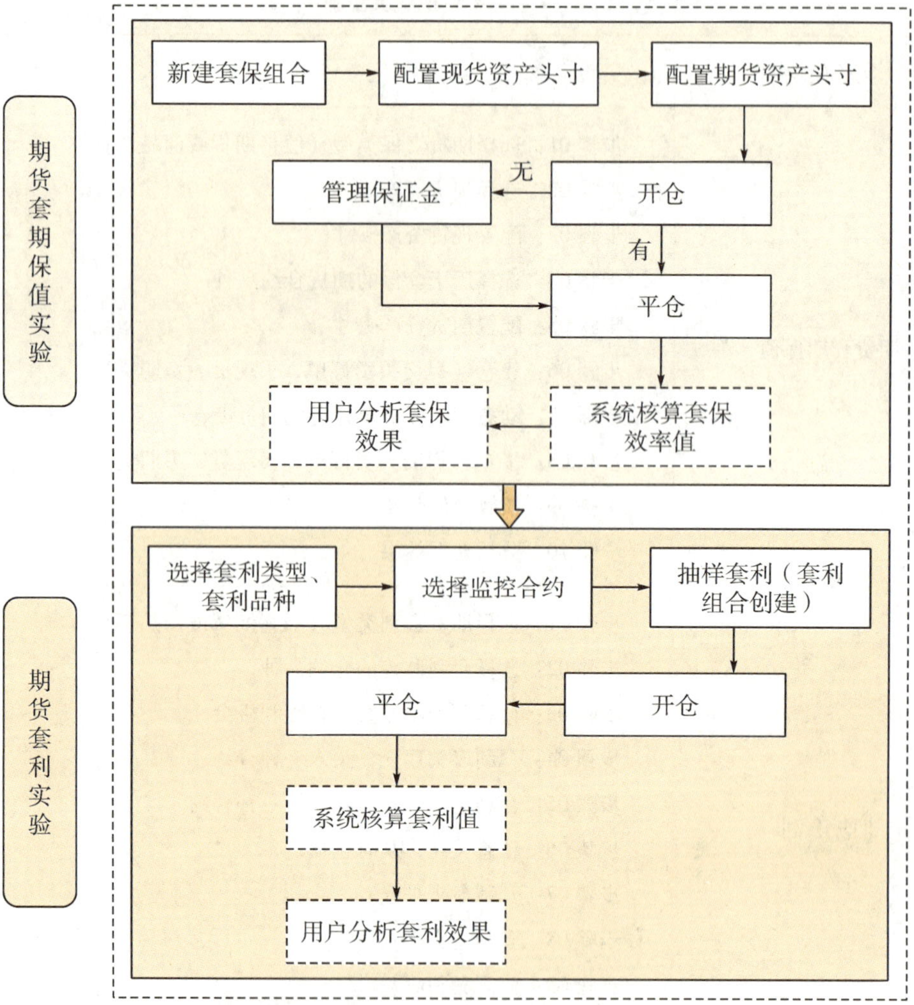

图 13-2　期货投资实验操作流程

（二）实验操作内容及详细步骤

1. 期货套期保值实验内容及详细步骤

通过期货套利保值组合创建、套保组合建仓、套保组合平仓操作，分析套保前后效果。系统提供当前行情和历史行情两种，用户根据需要选择行情背景。其详细操作步骤如下：

步骤 1：选择期货套保类型（股指期货或商品期货）。

操作入口：单击“新建”按钮，选择期货套保类型（股指期货或商品期货），如

图 13-3 所示。

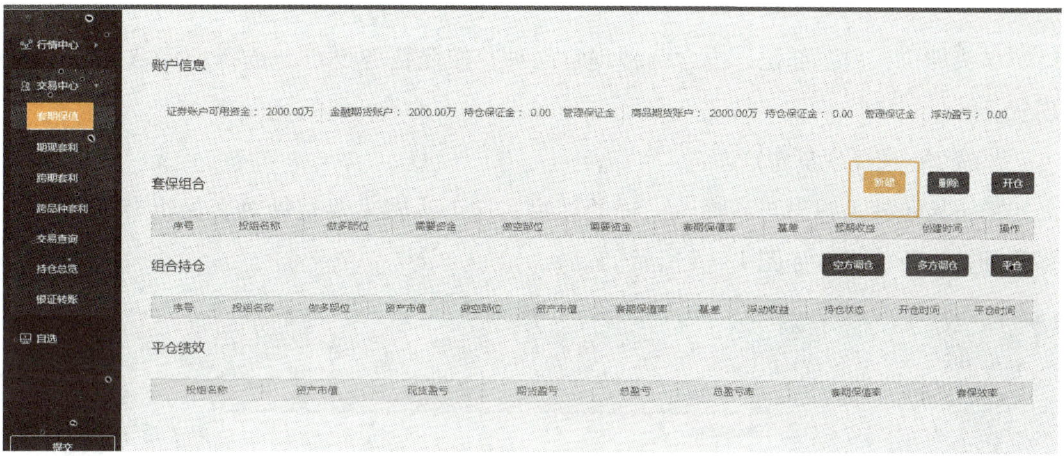

图 13-3　期货套保类型选择界面

弹出套保组合创建弹窗，输入套保组合名称；空头部位选择股指期货或商品期货，单击“确定”按钮，进入步骤 2，如图 13-4 所示。

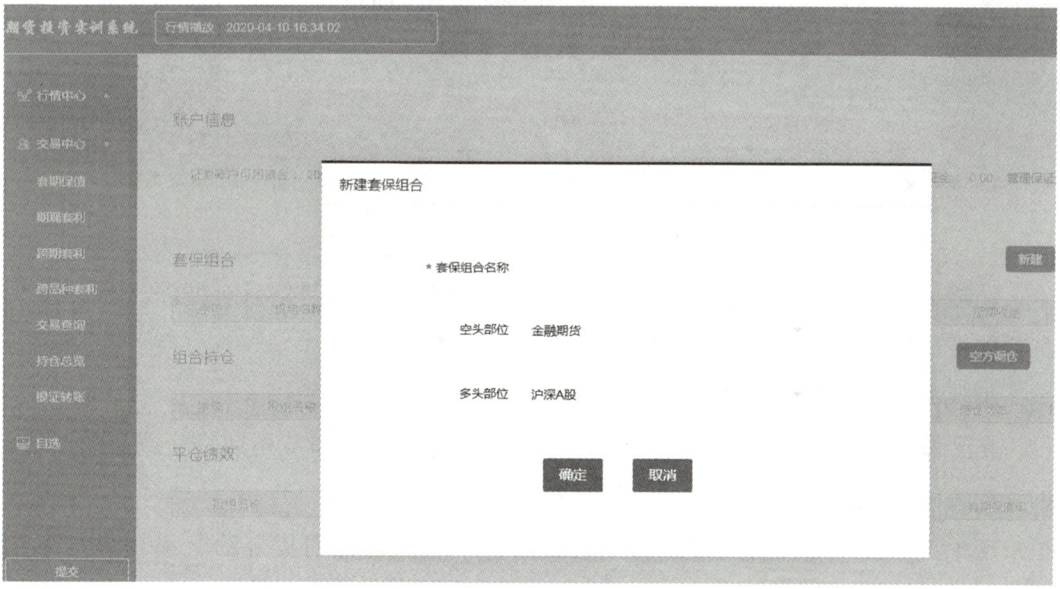

图 13-4　套保组合创建窗口

空头部位：做空部位，内含两种期货品种，按照任务要求，选择金融期货或商品期货。

多头部位：做多部位，内含两种现货品种，按照任务要求，选择沪深 A 股或黄金现货。

步骤 2：选择现货资产。

单击该步骤，弹出与步骤 1 一样的弹窗，这个步骤主要是针对套保组合创建中的多头部位进行选择，如图 13-5 所示。

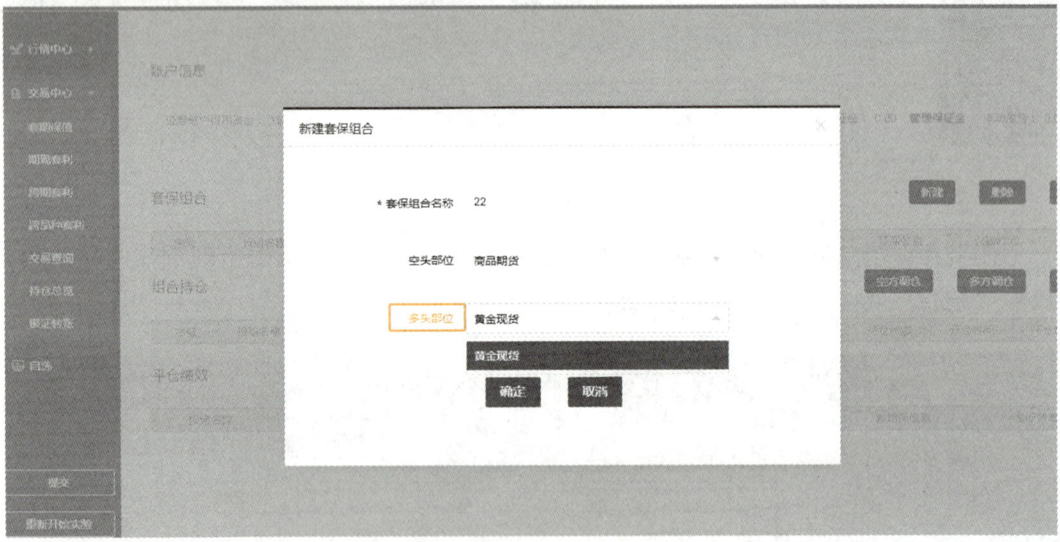

图 13-5　套保组合创建中的多头部位窗口

注意：步骤 1 中空头选择金融期货品种，系统默认多头部位只有沪深 A 股；空头选择商品期货品种，系统默认多头部位只有黄金现货。

步骤 3：选择用于套保的期货合约品种。

在套保组合列表中选择所需分析的套保组合，单击“配置股指期货（或商品期货）的资产头寸”，进入期货资产头寸配置界面，如图 13-6 所示。

这个步骤主要是对期货资产头寸配置页面中的“选择期货合约”模块进行下拉选择。

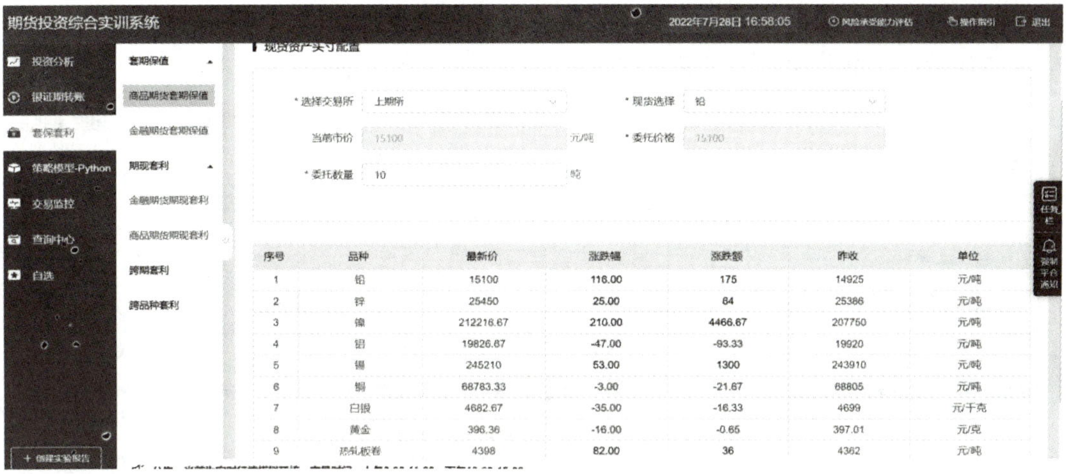

图 13-6　期货资产头寸配置界面

步骤 4：配置期货资产头寸。

在套保组合列表中选择所需分析的套保组合，单击“配置股指期货（或商品期货）的资产头寸”，进入期货资产头寸配置界面，如图 13-7 所示。

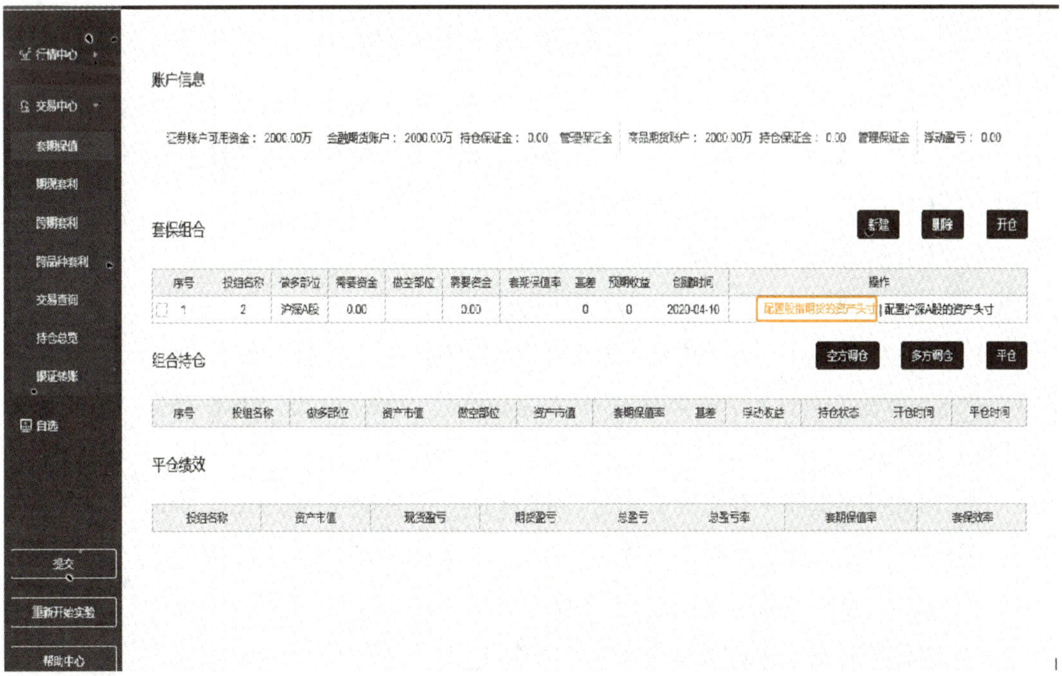

图 13-7　期货资产头寸配置界面

系统默认中金所交易所下的所有股指期货，如图 13-8 所示，切换选择期货合约，输入委托数量，单击“确定”按钮后，期货资产头寸配置成功。

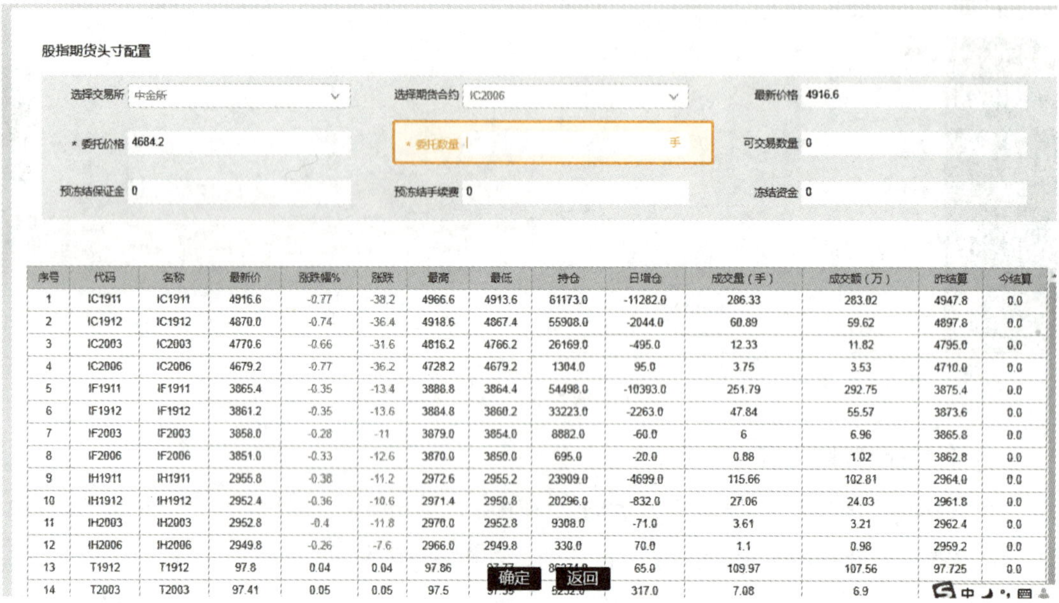

序号	代码	名称	最新价	涨跌幅%	涨跌	最高	最低	持仓	日增仓	成交量（手）	成交额（万）	昨结算	今结算
1	IC1911	IC1911	4916.6	-0.77	-38.2	4966.6	4913.6	61173.0	-11282.0	286.33	283.02	4947.8	0.0
2	IC1912	IC1912	4870.0	-0.74	-36.4	4918.6	4867.4	55908.0	-2044.0	60.89	59.62	4897.8	0.0
3	IC2003	IC2003	4770.6	-0.66	-31.6	4816.2	4766.2	26169.0	-495.0	12.33	11.82	4795.0	0.0
4	IC2006	IC2006	4679.2	-0.77	-36.2	4728.2	4679.2	1304.0	95.0	3.75	3.53	4710.0	0.0
5	IF1911	IF1911	3865.4	-0.35	-13.4	3888.8	3864.4	54498.0	-10393.0	251.79	292.75	3875.4	0.0
6	IF1912	IF1912	3861.2	-0.35	-13.6	3884.8	3860.2	33223.0	-2263.0	47.84	55.57	3873.6	0.0
7	IF2003	IF2003	3858.0	-0.28	-11	3879.0	3854.0	8882.0	-60.0	6	6.96	3865.8	0.0
8	IF2006	IF2006	3851.0	-0.33	-12.6	3870.0	3850.0	695.0	-20.0	0.88	1.02	3862.8	0.0
9	IH1911	IH1911	2955.8	-0.38	-11.2	2972.6	2955.2	23909.0	-4699.0	115.66	102.81	2964.0	0.0
10	IH1912	IH1912	2952.4	-0.36	-10.6	2971.4	2950.8	20296.0	-832.0	27.06	24.03	2961.8	0.0
11	IH2003	IH2003	2952.8	-0.4	-11.8	2970.0	2952.8	9308.0	-71.0	3.61	3.21	2962.4	0.0
12	IH2006	IH2006	2949.8	-0.26	-7.6	2966.0	2949.8	330.0	70.0	1.1	0.98	2959.2	0.0
13	T1912	T1912	97.8	0.04	0.04	97.86	[illegible]	[illegible]	65.0	109.97	107.56	97.725	0.0
14	T2003	T2003	97.41	0.05	0.05	97.5	[illegible]	[illegible]	317.0	7.08	6.9	[illegible]	[illegible]

图 13-8　期货资产头寸配置界面

这个步骤主要是在步骤 3 中选择了期货合约后的基础上再设置委托数量的操作。“选择期货合约”栏展示的都是未到期的合约，到期了的合约不在选择中；以下几点需要投资者注意：

（1）委托价格 = 最新价格；

（2）可交易数量 = 金融期货可用资金/委托价格；

（3）预冻结保证金 = 委托价格×委托数量×合约乘数（沪深 300 是 300、上证 50 是 300、中证 500 是 200）×保证金比例（沪深 300 是 10%、上证 50 是 10%、中证 500 是 15%）；

（4）预冻结手续费 = 委托数量×合约乘数×委托价格×手续费比率（沪深 300、上证 50、中证 500 均是按成交额的千分之 0.023），即预冻结保证金×手续费比率；

（5）冻结资金 = 预冻结保证金 + 预冻结手续费；

（6）套保组合列表中需要资金 = 预冻结保证金。

步骤 5：配置现货资产头寸。

在套保组合列表中选择所需分析的套保组合，单击“配置沪深 A 股（或黄金现货）的资产头寸”，进入现货资产头寸配置页面，如图 13-9 所示。

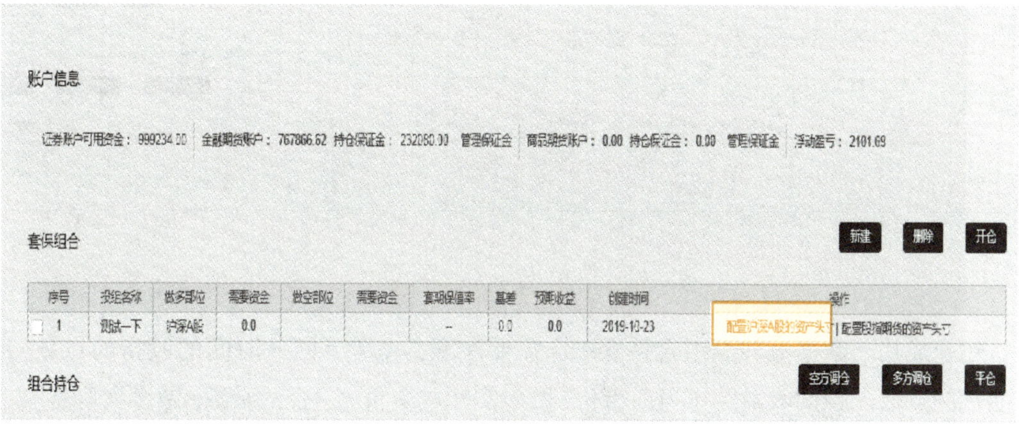

图 13-9　现货资产头寸配置

下拉选择股票板块，包括沪深 300、上证 50、中证 500，切换不同的股票板块，展示不同板块的成分股；在成分股列表中，勾选需做多的成分股，单击“确定”按钮，现货资产头寸配置成功。

注意：现货品种取决于创建套保组合时多头部位的现货品种选择，如果选择的是沪深 A 股，则配置现货资产头寸即为配置沪深 A 股的资产头寸；反之，则为配置黄金现货的资产头寸。股票总价值 = SUM（各成分股最新价×修正份额）；套保组合列表中需要资金 = 股票总价值；配置过的成分股资产头寸，不在板块的成分股中展示。

步骤 6：建仓（提交买卖订单，买现货，卖期货）。

在套保组合列表中选中套保组合，单击“开仓”按钮，如图 13-10 所示。

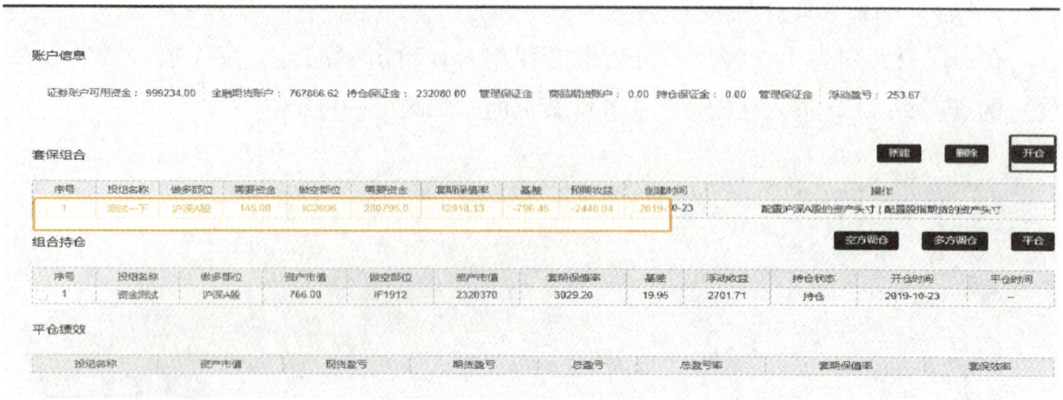

图 13-10　套保组合列表

建仓成功，数据流转至组合持仓中。需要注意：基差=同一时间的股指的点数-股指期货的点数。预期收益=（当前市价-做多实际成交价）×合约乘数×做多实际成交手数-做多实际成交金额手续费+（市价-做空实际成交价）×做空实际成交手数-做空实际成交金额的手续费。实际成交金额手续费=实际成交手数×合约乘数×实际成交价×手续费比率。

步骤 7：动态管理保证金，避免期货爆仓。

在组合持仓中，选择组合，先进行空方和多方调仓操作，如图 13-11 所示。

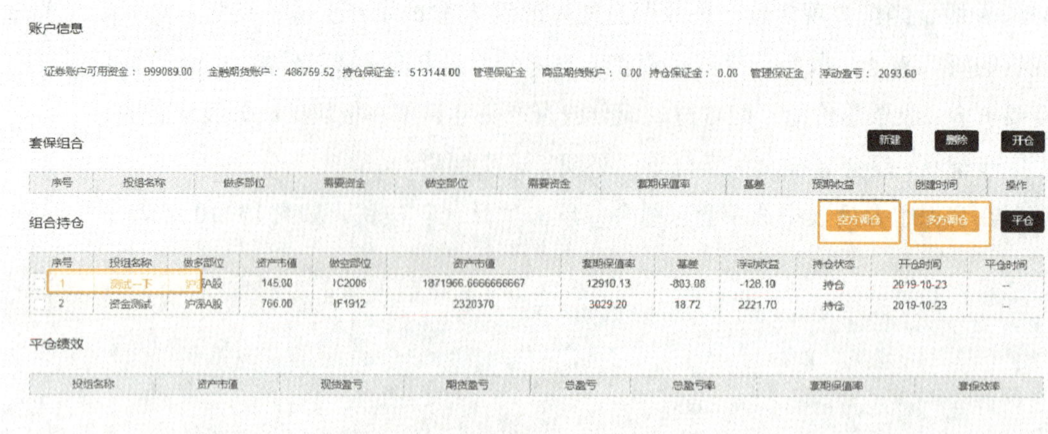

图 13-11　调仓操作界面

单击“空方调仓”“多方调仓”进行调仓操作。空方调仓：做空部位进行下单交易，实现仓位调整；多方调仓：做多部位进行下单交易，实现仓位调整。单击下单即可完成调仓处理，如图 13-12 所示。

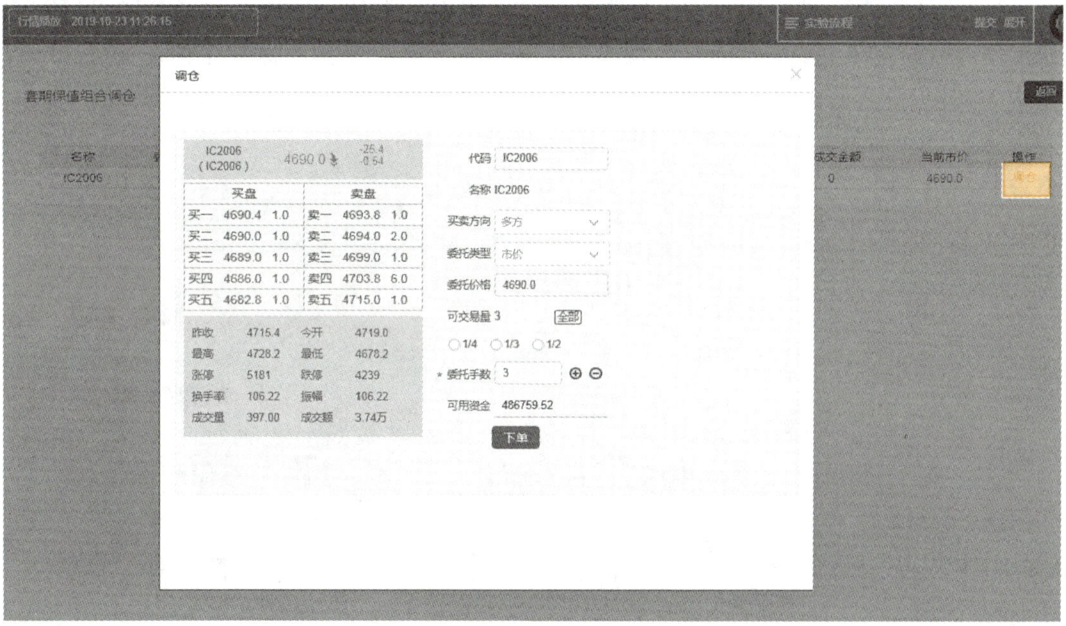

图 13-12　调仓界面

对于期货合约调仓，其前提是有持仓中有足够的保证金，保证金不足的，无法下单。返回主页面管理保证金，单击“管理保证金”，进入银证转账页面，如图 13-13 所示。

图 13-13　银证转账页面

转出账户：选择银行账户或沪深证券账户。

转入账户：选择金融期货账户。

输入转出资金，完成持仓保证金的充值。

步骤 8：平仓（提交买卖订单，卖现货，买期货）。

在组合持仓中，选择组合，进行平仓操作。单击“平仓”按钮，完成套保组合的平仓操作，数据流转至“平仓绩效”列表中。并且系统开始核算套保效率值，如图 13-14 所示。

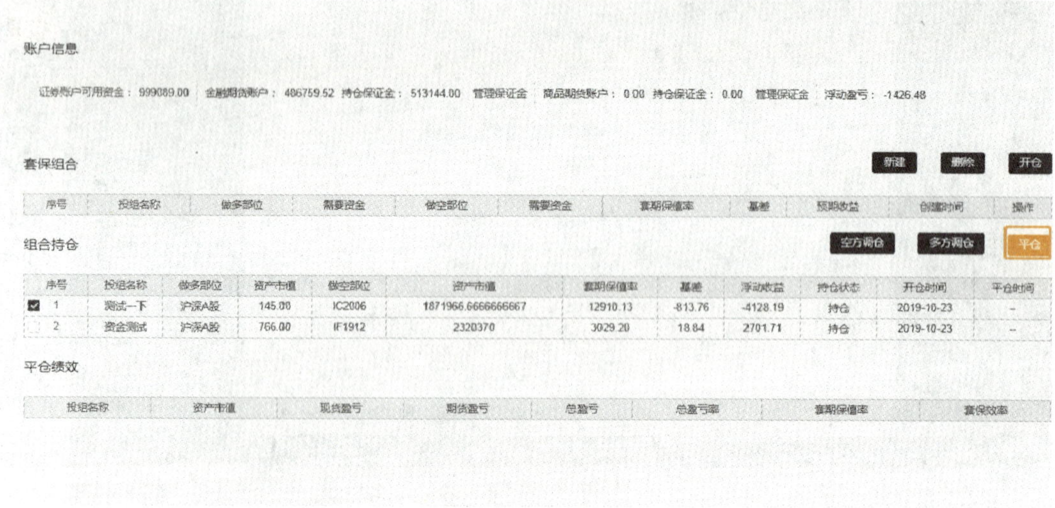

图 13-14 平仓操作

步骤 9：核算套保效果。

单击“平仓”按钮后，系统开始核算套保效率值，并展现在平仓绩效列表中。

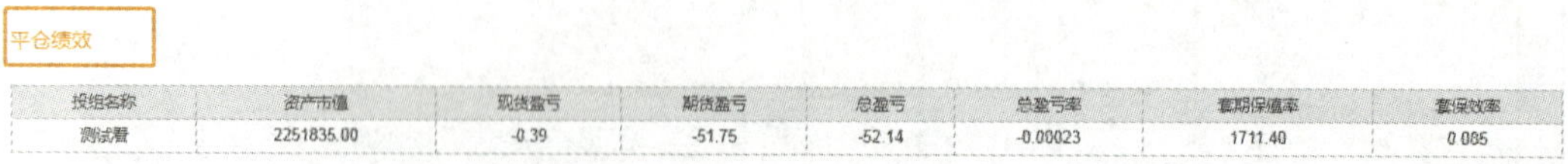

图 13-15 平仓绩效列表

注意：

（1）资产市值=做多部位资产市值+做空部位资产市值。

（2）现货盈亏=持仓成交价格×持仓数量-股票最新价格×持仓数量。

（3）期货盈亏=股指期货合约的持仓成交价格×下单手数×合约乘数-股指期货合约的最新成交价格×持仓手数×合约乘数。

（4）总盈亏=现货盈亏+期货盈亏。

（5）总盈亏率=总盈亏/资产市值。

（6）套期保值率=期货资产市值/现货资产市值。

（7）套保效率通常被定义为：套保后的投资组合方差 Var（H_i）相对套保前的方差 Var（U_i）下降的幅度，称作套保效率（He）：He $=1-[\mathrm{Var}(H_i)/\mathrm{Var}(U_i)]$。

步骤 10：分析套保效果。

查看平仓绩效列表中相关绩效值，分析套保效果，从而进行投资决策制定。其中套保效率值越高，效果越好。

2. 期货套利（期现套利、跨期套利、跨品种套利）

通过套利组合创建、套利组合建仓、套利组合平仓操作，分析套利组合前后效果，系统提供当前行情和历史行情两种，用户根据需要选择行情背景。

步骤 1：选择期货套利类型（股指期货或商品期货）。

系统提供三种套利类型：期现套利、跨期套利和跨品种套利，按照操作需求选择套利类型；选择后，单击“套利投组构建”按钮，选择套利类型和对象，如图 13-16 所示。

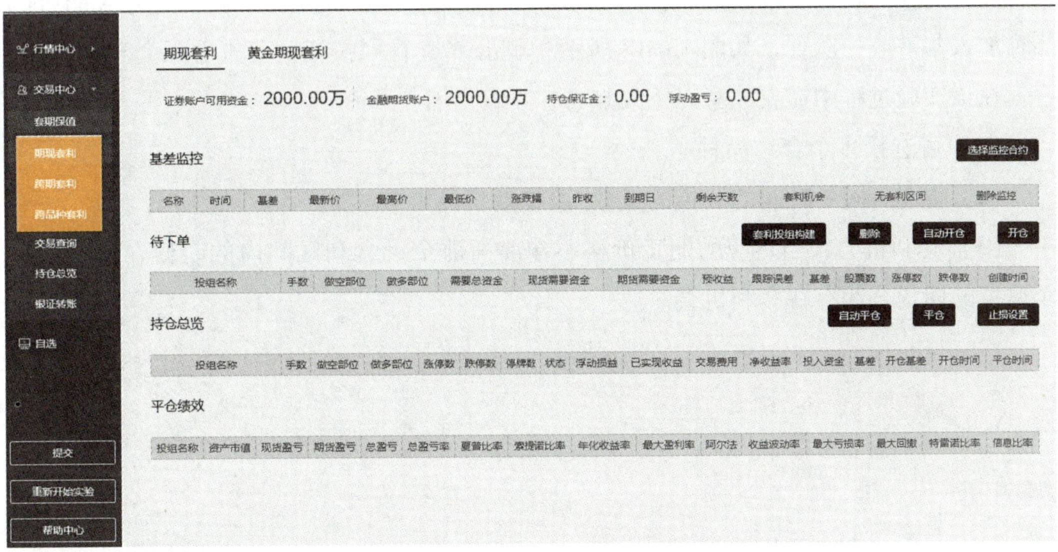

图 13-16　套利类型和对象选择界面

步骤 2：选择套利监控的合约品种。

以期现套利为例，在基差监控模块右侧单击“选择监控合约”按钮，进入基差监控选择界面，如图 13-17 所示。

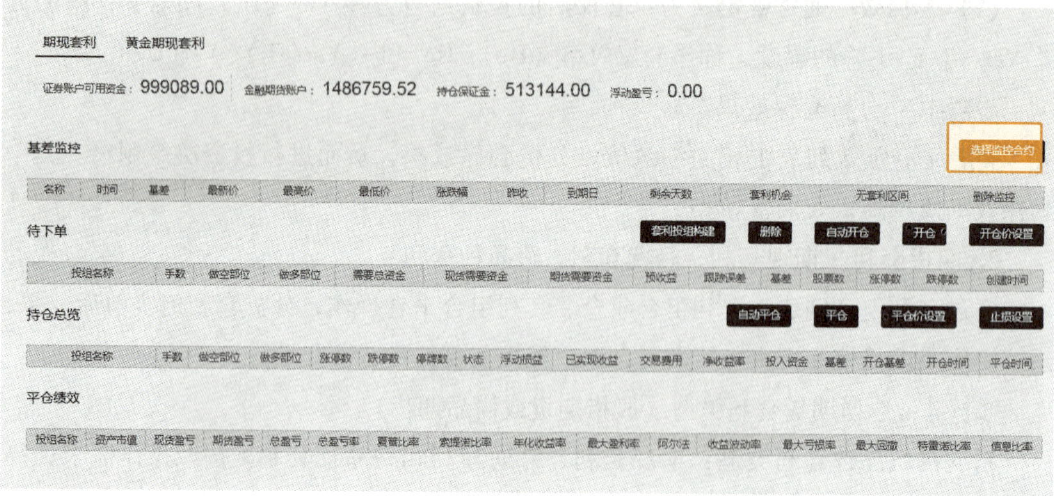

图 13-17　基差监控选择界面

选择需要监控的合约品种，单击“加入基差监控”按钮，表示成功将对应的合约品种加入基差监控队列，如图 13-18 所示。单击“查看”按钮，可查看无套利区间图。

在该实验过程中需要注意以下几点：

（1）可选择多个合约品种。

（2）基差=同一时间的股指的点数-股指期货的点数。

（3）套利机会：当对应的期货价格不在前面那个无套利区间内的时候，就表示这个监控的期货合约存在套利机会。

基差监控

序号	代码	名称	最新价	涨跌幅%	涨跌	最高	最低	持仓	日增仓	成交量（手）	成交额（万）	昨结算	今结算	基差	操作
1	IC1911	IC1911	4931.4	-0.47	-23.4	4966.6	4913.6	61080.0	-11375.0	327.88	323.96	4947.8	0.0	59.95	加入基差监控
2	IC1912	IC1912	4882.8	-0.48	-23.6	4918.6	4867.4	55838.0	-2114.0	67.09	65.67	4897.8	0.0	108.55	加入基差监控
3	IC2003	IC2003	4780.4	-0.45	-21.8	4816.2	4766.2	26120.0	-544.0	13.86	13.28	4795.0	0.0	210.95	加入基差监控
4	IC2006	IC2006	4690.0	-0.54	-25.4	4728.2	4678.2	1309.0	100.0	4.03	3.79	4710.0	0.0	301.35	加入基差监控
5	IF1911	IF1911	3865.8	-0.34	-13	3888.8	3861.6	54390.0	-10501.0	284.53	330.71	3875.4	0.0	15.38	加入基差监控
6	IF1912	IF1912	3862.0	-0.33	-12.8	3884.8	3858.4	33344.0	-2142.0	53.91	62.6	3873.6	0.0	19.18	加入基差监控
7	IF2003	IF2003	3855.0	-0.36	-14	3879.0	3852.2	8908.0	-34.0	6.68	7.74	3865.8	0.0	26.18	加入基差监控
8	IF2006	IF2006	3852.4	-0.29	-11.2	3870.0	3847.8	695.0	-20.0	0.95	1.1	3862.8	0.0	28.78	加入基差监控
9	IH1911	IH1911	2953.8	-0.44	-13.2	2972.6	2951.6	23946.0	-4662.0	133.38	118.52	2964.0	0.0	5.33	加入基差监控
10	IH1912	IH1912	2950.4	-0.43	-12.6	2971.4	2948.0	20295.0	-833.0	30.12	26.74	2961.8	0.0	8.73	加入基差监控
11	IH2003	IH2003	2951.8	-0.43	-12.8	2970.0	2949.4	9319.0	-60.0	3.94	3.5	2962.4	0.0	7.33	加入基差监控
12	IH2006	IH2006	2949.8	-0.26	-7.6	2966.0	2949.8	330.0	70.0	1.1	0.98	2959.2	0.0	9.33	加入基差监控
13	T1912	T1912	97.785	0.03	0.02	97.86	97.77	86316.0	7.0	128.27	125.45	97.725	0.0	77.82	加入基差监控
14	T2003	T2003	97.39	0.03	0.03	97.5	97.39	5246.0	331.0	7.48	7.29	97.365	0.0	78.22	加入基差监控
15	T2006	T2006	97.11	0.03	0.03	97.14	97.085	481.0	-3.0	0.09	0.09	97.08	0.0	78.5	加入基差监控
16	TF1912	TF1912	99.55	0.03	0.03	99.58	99.53	33435.0	-4.0	42.37	42.18	99.51	0.0	76.06	加入基差监控
17	TF2003	TF2003	99.29	0.07	0.07	99.29	99.27	2152.0	47.0	0.8	0.79	99.225	0.0	76.32	加入基差监控
18	TF2006	TF2006	99.025	0.01	0.01	99.03	99.01	268.0	43.0	0.63	0.62	99.02	0.0	76.58	加入基差监控
19	TS1912	TS1912	100.175	0.01	0.02	100.19	100.17	9292.0	-183.0	58.77	117.75	100.16	0.0	75.43	加入基差监控
20	TS2003	TS2003	100.04	0.02	0.02	100.04	100.04	3312.0	-8.0	0.45	0.9	100.02	0.0	75.57	加入基差监控
21	TS2006	TS2006	99.905	0.02	0.02	99.905	99.905	917.0	1.0	0.01	0.02	99.885	0.0	75.7	加入基差监控

图 13-18　监控的合约品种选择

步骤 3：计算并判断是否存在套利机会。

在步骤 2 加入基差监控的合约后，基差监控列表中会出现这条数据，如图 13-19 所示。系统会计算出这个合约是否存在套利机会，并将结果展示在列表中。

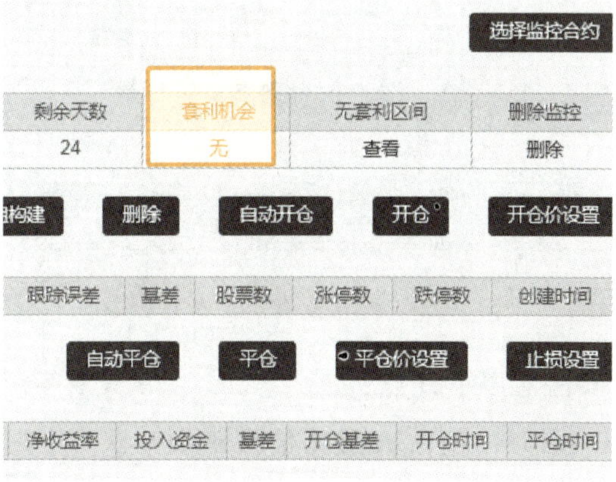

图 13-19　基差监控数据

步骤 4：套利多头建仓，买入一种合约。

在待下单模块右侧单击“套利投组构建”，进入套利投资组合构建界面。在样本选择中会出现样本指数等内容，其中样本指数包含沪深 300、上证 50、中证 500 三个板块指数。不同指数系统默认给出昨日收盘、样本时间长度（样本时间长度：默认一个初始数值 180 天，可以修改）、样本中的股票数量，如图 13-20 所示。

选股条件：选择行业板块，默认全部行业板块。

期货选择：选择合约品种。目标手数：最低 1 手。

现货选择：通过现货筛选条件筛选出的现货，然后按操作需求勾选创建套利组合。

数据流转至待下单队列中。这里侧重的是投组构建页面中的“样本选择”“选股条件”设置。

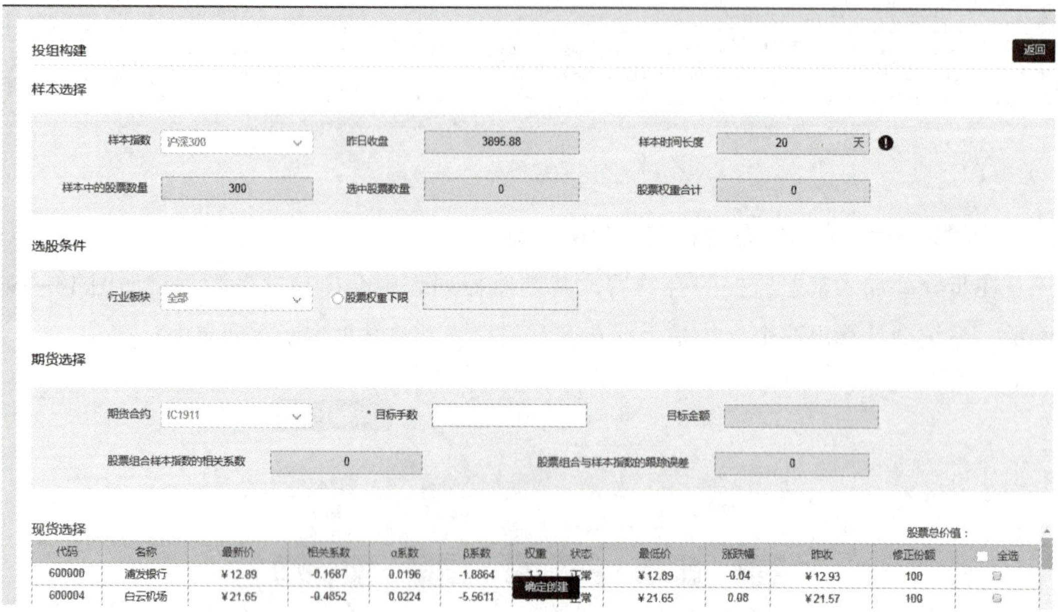

图 13-20　套利投资组合构建界面

在该实验过程中需要注意以下几点：

（1）股票权重下限：股票市值占 A 股市值权重低于这个下限值的股票筛选结果。

（2）行业权重前多少位：比如前 3 位，则下方筛选出行情市值权重在 A 股前 3 位的行业的成分股。

（3）目标金额=期货合约最新价格×手数×合约乘数（沪深 300 是 300、上证 50 是

300、中证 500 是 200）。

（4）股票组合与样本指数的相关系数，这个数值会跟随选中的股票以及选中的期货合约而变化。

（5）股票组合与样本指数的跟踪误差=股票组合的实时市值-股票组合的昨日收盘市值×（指数最新市场价/指数昨日收盘价）。这个数值会跟随选中的股票以及选中的期货合约而变化。

步骤 5：套利空头建仓，卖空另一种合约。

步骤 5 和步骤 4 是一个性质的操作，步骤 5 侧重于套利投组构建中的“期货选择”处设置筛选条件，如图 13-21 所示。

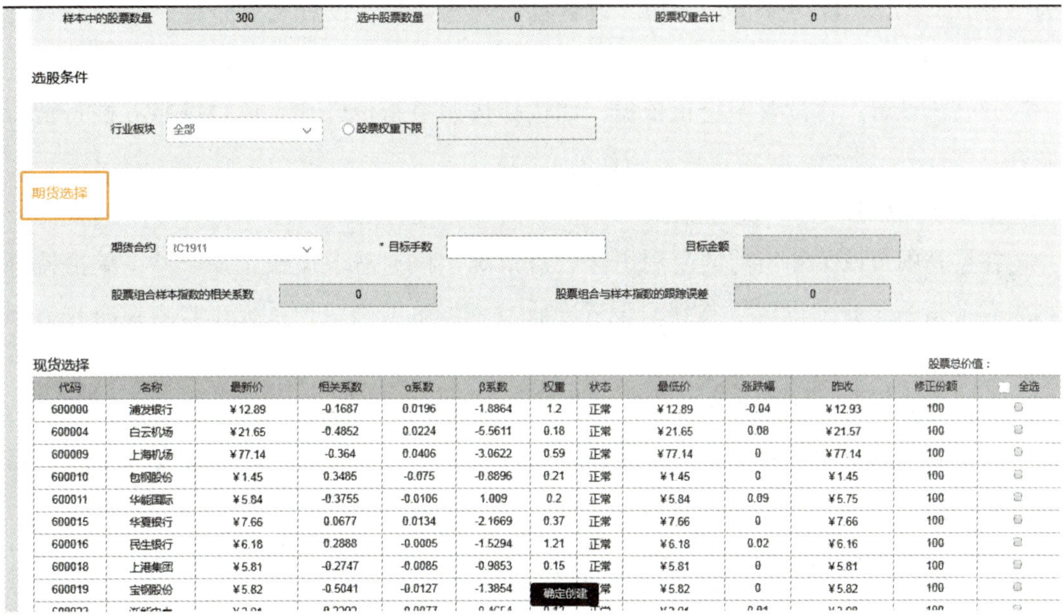

代码	名称	最新价	相关系数	α系数	β系数	权重	状态	最低价	张跌幅	昨收	修正份额	全选
600000	浦发银行	¥12.89	-0.1687	0.0196	-1.8864	1.2	正常	¥12.89	-0.04	¥12.93	100	
600004	白云机场	¥21.65	-0.4852	0.0224	-5.5611	0.18	正常	¥21.65	0.08	¥21.57	100	
600009	上海机场	¥77.14	-0.364	0.0406	-3.0622	0.59	正常	¥77.14	0	¥77.14	100	
600010	包钢股份	¥1.45	0.3485	-0.075	-0.8896	0.21	正常	¥1.45	0	¥1.45	100	
600011	华能国际	¥5.84	-0.3755	-0.0106	1.009	0.2	正常	¥5.84	0.09	¥5.75	100	
600015	华夏银行	¥7.66	0.0677	0.0134	-2.1669	0.37	正常	¥7.66	0	¥7.66	100	
600016	民生银行	¥6.18	0.2888	-0.0005	-1.5294	1.21	正常	¥6.18	0.02	¥6.16	100	
600018	上港集团	¥5.81	-0.2747	-0.0085	-0.9853	0.15	正常	¥5.81	0	¥5.81	100	
600019	宝钢股份	¥5.82	-0.5041	-0.0127	-1.3854	[illegible]	常	¥5.82	0	¥5.82	100	

图 13-21　期货选择界面

在待下单列表中，选中套利组合，单击右上角“开仓”按钮，建仓成功。数据流转至持仓总览中，如图 13-22 所示。

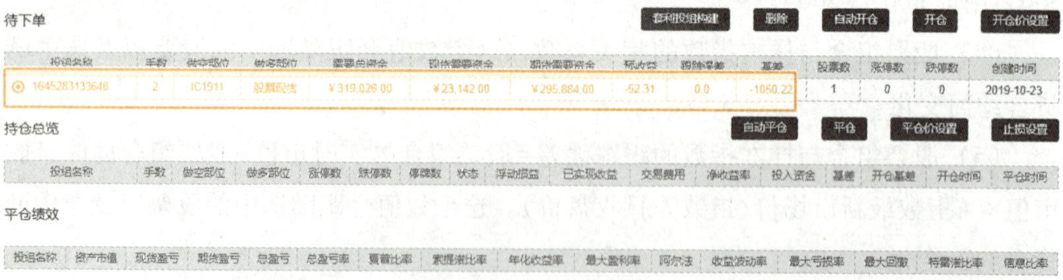

图 13-22　建仓

自动开仓状态：默认为“否”，单击右上角“自动开仓”按钮，自动开仓状态转为“是”，单击“自动开仓”按钮，设置自动开仓条件，设置基差条件，当达到设置的基差条件时，系统自动对套利组合进行开仓。

开仓价设置：可设置开仓价依据，如选择按照最新价开仓，还是按照五档行情价开仓。

步骤 6：动态关注，及时止损。

在持仓中可以关注当前的套利组合收益情况，根据需求设置止损条件，单击持仓列表右上角的“止损设置”按钮，设置净收益率，单击确定。系统在监测到净收益率达到设定条件时就会及时止损。

在该实验过程中需要注意以下几点：

（1）浮动损益=股票组合的损益+股指期货的损益；平仓后，浮动收益变为 0，转成已实现收益。

（2）已实现收益=平仓后的浮动收益。

（3）净收益率=浮动收益÷该投组开仓时的“需要总资金”。

（4）投入资金=该投组开仓时的“需要总资金”。

（5）交易费用=做空手续费+做多手续费（手续费=委托量×合约乘数×委托价×手续费比率。手续费率，即 IF：成交额的 0.023‰，IC：成交额的 0.023‰，IH：成交额的 0.023‰）。

（6）开仓基差：系统触发开仓时的基差。

步骤 7：套利多头平仓。

在持仓总览中，选中持仓的套利组合，单击“平仓”按钮，平仓成功。数据流转至平仓绩效队列中。系统提供“自动平仓”功能，单击右上角“自动平仓”按钮，设置自动平仓条件，系统在满足所设置的自动平仓条件时，自动平仓。

步骤 8：套利空头平仓。

与步骤 7 相似，只是这个步骤侧重的是系统后台，此时测算的是空头部位的平仓。

步骤 9：核算套利收益。

完成套利组合的平仓操作后，数据流转至“平仓绩效”列表中。此时系统开始核算平仓绩效值。系统给出 10 个左右指标测算平仓绩效值。

在该实验过程中需要注意以下几点：

（1）Sharp 比率＝（日平均收益率－日无风险收益率）／日收益率标准差。

（2）Sortino Ratio＝（Rp－Rf）／DR。

（3）DR 为下行标准差，Sharp 比率中以持有期间的每日收益率去计算标准差作为分母；而索提诺比率的分母的下行标准差，就是筛选出持有期间收益率为负值的收益率去计算这些负收益率的标准差。

（4）Rp 表示日平均收益率，Rf 表示无风险收益率，可以用一年期的利率这个固定值进行计算。

（5）日平均收益率＝持仓累计收益率/持仓时间

（6）年化收益率＝（持仓累计收益率/持仓时间）×365

步骤 10：分析套利效果。

查看平仓绩效列表中相关绩效值，分析套利效果，如图 13-23 所示。

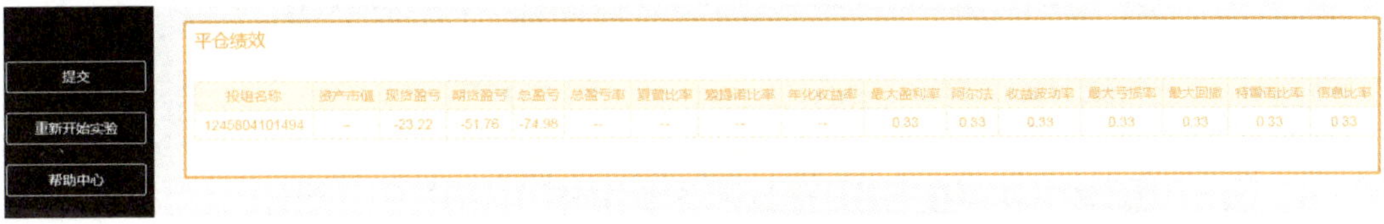

图 13-23　平仓绩效

四、撰写实验报告

学生须根据实验要求撰写实验报告。实验报告包括实验目的、实验要求、实验步骤以及实验结论四个主要部分。实验项目名称及要求如下：

（1）实验项目名称：期货投资仿真模拟实验。

（2）实验要求：熟悉期货交易软件的基本功能（可以选择不同的交易软件），运用期货交易软件进行期货交易，掌握期货交易的基本操作技能。

参考文献

[1] 吴晓求. 证券投资学 [M]. 5 版. 北京：中国人民大学出版社，2020.

[2] 赵鹏飞. 证券投资实验教程 [M]. 3 版. 北京：中国人民大学出版社，2022.

[3] 中国证券业协会. 证券交易 [M]. 北京：中国金融出版社，2012.

[4] 唐平. 证券投资分析实验 [M]. 成都：西南财经大学出版社，2020.

[5] 陈雨露. 公司理财 [M]. 北京：高等教育出版社，2008.

[6] 崔越，李世平. 证券投资实验 [M]. 北京：经济科学出版社，2018.

[7] 中国证券业协会. 证券市场基础知识 [M]. 北京：中国金融出版社，2012.

[8] 杨伯元，张健. 证券投资实验实训教程 [M]. 南京：东南大学出版社，2016.

[9] 唐更华，陈工孟. 证券投资实务实验教程 [M]. 北京：经济管理出版社，2017.

[10] 潘曦. 行业研究方法与案例 [M]. 成都：西南财经大学出版社，2016.

[11] 李向科. 证券投资技术分析 [M]. 5 版. 北京：中国人民大学出版社，2015.

[12] 白彦锋，等. 纳税评估教程 [M]. 3 版. 北京：北京大学出版社，2021.

[13] 邢天才，王玉霞. 证券投资学 [M]. 大连：东北财经大学出版社，2017.

笔 · 记 · 用 · 纸

笔 · 记 · 用 · 纸

笔 · 记 · 用 · 纸

笔 · 记 · 用 · 纸

笔 · 记 · 用 · 纸

笔 · 记 · 用 · 纸

笔 · 记 · 用 · 纸

笔 · 记 · 用 · 纸

笔·记·用·纸

笔 · 记 · 用 · 纸